LIVRO 2: FEVEREIRO

GABRIELLE LORD

2012, Editora Fundamento Educacional Ltda.

Editor e edição de texto: Editora Fundamento
Editoração eletrônica: Thais Boldt
CTP e impressão: SVP – Gráfica Pallotti
Tradução: Alexandre Gomes Soares (Johann Heyss)
Preparação de texto: Juliana Gemelli da Silva

Copyright texto © Gabrielle Lord, 2010
Copyright ilustração © Scholastic Australia, 2010
Foto do garoto na capa © Scholastic Australia, 2010
Foto do rosto do garoto na contracapa © Scholastic Australia, 2010
Ilustrações de Rebecca Young

Publicado originalmente por Scholastic Australia Pty Limited, em 2010.
Esta edição foi publicada sob licença de Scholastic Australia Pty Limited.
Todos os direitos reservados.

Dados Internacionais de Catalogação na Publicação (CIP)
(Câmara Brasileira do Livro, SP, Brasil)

Lord, Gabrielle
   Conspiracy 365: Fevereiro / Gabrielle Lord; [versão brasileira da editora] –
1. ed. – São Paulo, SP: Editora Fundamento Educacional Ltda., 2012.

Título original: Conspiracy 365: Book Two February

1. Literatura infantojuvenil I. Título.

11-08824   CDD-028.5

Índices para catálogo sistemático
1. Literatura infantojuvenil 028.5
2. Literatura juvenil 028.5

Fundação Biblioteca Nacional

Depósito legal na Biblioteca Nacional, conforme Decreto nº 1.825, de dezembro de 1907.
Todos os direitos reservados no Brasil por Editora Fundamento Educacional Ltda.

Impresso no Brasil

Telefone: (41) 3015 9700
E-mail: info@editorafundamento.com.br
Site: www.editorafundamento.com.br

Este livro foi impresso em papel pólen soft 80 g/m² e a capa em cartão ningbo 250 g/m².

Meu nome é Callum Ormond.
Tenho 15 anos
e sou um fugitivo caçado...

ANTES...

31 DE DEZEMBRO

Sou perseguido por um doido que me diz que meu pai foi assassinado e que eu também serei, se não me esconder até a meia-noite de 31 de dezembro próximo. *365 dias...*

1º DE JANEIRO

Consigo sobreviver a um acidente de barco durante uma violenta tempestade em águas infestadas de tubarões.

2 DE JANEIRO

Nossa casa é arrombada e vandalizada.

9 DE JANEIRO

Uma mulher me liga dizendo que tem informações sobre meu pai. Mas antes de nos encontrarmos sou sequestrado e interrogado por um grupo de criminosos.

10 DE JANEIRO

Após escapar por pouco de meus raptores, meu tio e minha irmãzinha são brutalmente atacados. Rafe está se recuperando no hospital e Gabbi está vivendo à base de aparelhos. Minha cara está no noticiário como se eu fosse o agressor! A polícia agora também está atrás de mim! Eu não tenho escolha, a não ser fugir.

13 DE JANEIRO

Estou escondido em uma casa abandonada na St. Johns Street, tentando entender os desenhos malucos que meu pai fez antes de morrer e pensando em um jeito de limpar meu nome.

31 DE JANEIRO

Sou arrancado da rua por outra gangue de criminosos, desta vez liderada pelo infame Vulkan Sligo. Quando ele percebe que eu não tenho nenhuma informação para dar, prende-me em um tanque de coletor de óleo no subsolo que se enche rapidamente... e me deixa lá para morrer afogado...

1º DE FEVEREIRO
Faltam 334 dias...

Ferro-velho

00h

O óleo fedido jorrava pelo tubo de aço à minha direita, enchendo incansavelmente o tanque subterrâneo no qual eu estava preso. Lutei para manter a boca acima do fluxo crescente enquanto esmurrava com os punhos escorregadios a tampa do buraco acima da cabeça. Não adiantava, eu não conseguia empurrá-la.

Pneus de carro saíram cantando para longe em alta velocidade, lembrando-me de que eu estava completamente sozinho. Abandonado para morrer.

00h3min

Por mais que eu me mexesse no óleo grosso e pegajoso, não conseguia impedir que ele subisse por meu rosto. A boca estava quase completamente coberta. Eu a fechei bem. Joguei a cabeça para trás em desespero e forcei as narinas – minha última tentativa de sobreviver – para cima da superfície que estava me engolindo por inteiro.

"Você precisa respirar mais devagar", eu disse a mim mesmo.

Sabia que a morte era certa se começasse a respirar o óleo. O cheiro poderosamente cáustico queimava as narinas como ácido. A cabeça girava e o medo me fazia respirar mais rápido e mais forte.

Minhas palavras, de momentos atrás, ficavam se repetindo em minha mente... *Ruiva. Óculos de sol roxos.* Mas eu nunca tinha visto a mulher que me abduzira pela primeira vez, então que diabos me fez descrevê-la daquele jeito para o Sligo?

E, ainda mais intrigante, ele parecia saber de quem eu estava falando – ele conhecia alguém da conferência que combinava exatamente com a descrição! O que estava acontecendo?

Eu havia escapado da morte no mar, um mês antes, e agora estava de cara com ela outra vez. Mas dessa vez não havia saída.

00h4min

O óleo chegou à altura do nariz. Bloquearia as narinas a qualquer momento... Fiz mais força com os músculos, tentando levantar o corpo um milímetro que fosse, no entanto era impossível; não havia para onde ir.

Comecei a inalar gotículas de óleo. *365 dias...* O aviso que aquele maluco me dera na noite de ano-novo gritou em minha mente, assombrando-me. Eu só conseguira sobreviver um mês – fosse lá que força letal amaldiçoara minha família, ela agora finalmente havia me alcançado. Mais uns segundos e eu já não conseguiria respirar... Fechei os olhos e torci para que fosse breve.

00h5min

Estava tão intensamente concentrado em tentar morrer calmamente que não ouvi o momento exato em que o óleo parou de jorrar. Contudo, por alguma razão, ele *havia parado de jorrar*. Não sei como, mas o fluxo fora interrompido!

Algum tipo de milagre pusera fim ao processo. O que havia acontecido? Eu estava tremendo todo. Quase completamente submerso em óleo, mas estava vivo...

Abri os olhos, ainda lutando para manter as narinas acima do nível do óleo, e escutei...

Nada.

Lentamente levantei o braço, tentando não fazer marola e melar todo o rosto de óleo, e bati na tampa acima de mim.

Fui para o canto do tanque, esperando exercer mais pressão. Entretanto foi desperdício de energia. É, o óleo podia ter parado de jorrar, porém eu ainda estava tão preso quanto antes, e sem esperança.

00h9min

O alívio que eu senti um momento antes começou a se transformar em horror. Foi idiotice minha pensar que o óleo parar de jorrar significava que eu sobreviveria e que alguém tinha vindo me salvar; eu não teria chance, a não ser saindo de dentro do tanque.

Minha mente disparou. Talvez fosse melhor o tanque ter se enchido completamente, assim ao menos eu teria me afogado logo. Agora eu ficaria preso no escuro e morreria asfixiado ou, pior, lenta e dolorosamente, de sede!

Esforcei-me para escutar um sinal de esperança do lado de fora de minha tumba repleta de óleo, mas só consegui ouvir a batida do sangue nos tímpanos – as batidas de meu coração em luta.

Como é que eu sairia dessa?

00h18min

– Ei!

Uma *voz*?

– Você, no tanque – continuou. – Você está bem?

Bem? Alguém estava me perguntando se eu estava bem? Eu estava ouvindo coisas? Estava com a cabeça tão zonza por causa do cheiro forte do óleo e da adrenalina que não tinha certeza de mais nada. Queria gritar, mas não tinha como abrir a boca. Precisava fazer *algum* barulho, dar um jeito, para que quem quer que fosse que estivesse lá fora soubesse que eu ainda estava vivo. Fiquei apavorado de perder minha chance – se é que eu ainda tinha alguma – e ser largado lá para morrer depois de chegar tão perto de conseguir sobreviver.

Respirei lenta e cuidadosamente pelo nariz, fechei bem os olhos e bati na tampa com os punhos. Espirrei óleo por toda a cara.

Parei e esperei.

Eu sabia que não dava para continuar prendendo a respiração por muito tempo.

Quando estava perdendo a esperança de conseguir respirar, ouvi um rangido, uma fricção. Alguém estava girando e abrindo a tampa!

A tampa foi erguida e uma luz branda caiu sobre o mar de breu que me cercava. Subi pela escada e saí pela abertura, cuspindo e tossindo. A boca e as narinas, agora livres do líquido mortal, emergiram de volta à vida.

Tossi e ofeguei descontroladamente, sacudindo feito doido a cabeça ensopada de óleo. Agarrei-me ao chão enquanto a parte de baixo do corpo continuava dentro do tanque submersa em óleo.

– Quem está aí? – finalmente consegui resmungar, cuspindo óleo dos lábios.

Sem resposta.

– Tem alguém aí? – perguntei de novo, olhando para os lados cuidadosamente.

Será que eu estava imaginando coisas? Isso era algum truque ou algum tipo de tortura mental que Vulkan Sligo estava fazendo comigo?

– Por que você não sai logo daí? Ou será que gosta de ficar assim?

Não tinha erro, era uma voz. Voz de garota. Esforcei-me para subir mais uns degraus. Minhas roupas e tênis estavam pesados e saturados, e os pés derrapavam, fazendo-me bater a perna com força na escada.

Finalmente arrastei-me totalmente para fora do tanque e exausto

rolei para ficar deitado de costas.

Tive uma visão borrada de algo. Pisquei os olhos e tentei focar.

A garota que eu vira antes no escritório com Sligo, aquela com a maquiagem estranha e os cabelos rebeldes, estava de pé a meu lado. Ela ficou olhando para mim com os olhos amendoados carregados de sombra.

– Quem é você? – eu perguntei grogue. – Você desligou o óleo?

– Olhe só você – ela disse, apontando para mim. – Parece um monstro do pântano!

O quê?

– Na verdade, os olhos e a testa ainda são humanos. Mais ou menos! – ela riu.

Depois de tudo o que eu havia passado, essa garota estava fazendo piada? Comecei a me levantar, tentando pensar em algo inteligente para lhe devolver, mas o que aconteceu foi que escorreguei e caí pesadamente sobre a lateral do corpo.

Sentei-me e ouvi mais risadas. A garota estava rindo de mim outra vez!

– Você devia *se ver*! – ela disse enquanto eu me arrastava para longe do tanque. – Pode crer, está engraçado!

Tentei me levantar de novo e dessa vez a garota agarrou minha trêmula mão direita com uma pegada surpreendentemente forte e me ajudou a ganhar estabilidade. Enquanto eu me equilibrava para conseguir ficar de pé sem ajuda dela, um dos meus tênis lambuzados me fez escorregar de novo e cair.

A garota ainda estava segurando minha mão, de modo que ela também acabou caindo feio em cima de mim. Pelo menos assim ela parou de rir.

Ela se levantou e fez cara de nojo. As mãos e roupas estavam cobertas de óleo também.

– Olhe o que você fez! – ela berrou.

– Que nem um monstro do pântano – eu zombei. – Você devia *se ver*!

Ela olhou para baixo, fracassando na tentativa de limpar a sujeira preta da roupa.

– Tenho que tirar isso de mim – ela disse, virando-se e correndo em direção ao edifício atrás do escritório onde eu fora interrogado. Segui-a, patinando no óleo.

00h38min

Estávamos em uma espécie de lavanderia. A garota estava lavando o rosto em uma grande banheira de aço. Sobre a pia em frente à qual eu estava, havia pendurado um espelho quebrado e fiquei chocado ao ver meu reflexo: o branco dos olhos se destacava na cabeça preta e suja, e o óleo escorria pelo meu rosto em fluxos pegajosos, pingando no chão.

Meu coração começou a desacelerar. Eu estava vivo e estava livre.

– Você não vai muito longe com essa aparência – ela avisou, espreitando-me com os olhos escuros e sombreados. – É melhor se apressar caso queira se limpar, eles vão voltar logo para pescar seu corpo do tanque e, se o descobrirem aqui e não lá, não vai ser só você quem estará encrencado.

Ela começou a correr de um lado para o outro e ficava sempre olhando para a porta atrás de mim. Apesar de ter rosto bonito, os olhos eram frios e nada sorridentes. No entanto, por alguma razão, ela havia ficado por perto para salvar minha vida.

– Certo – eu disse –, mas primeiro preciso pegar minha mochila.

– Eu já o ajudei muito. Vou sair daqui no mesmo instante em que terminar de me limpar. Você que se vire.

Lavei rapidamente o rosto e um pouco do óleo foi removido. Sabia que não tinha muito tempo para conseguir as respostas de que precisava, mas com certeza aquela estranha poderia me dizer alguma coisa...

– Qual é sua história? – perguntei a ela. – O que você está fazendo com Vulkan Sligo e por que me ajudou?

Ela esfregou o rosto apressadamente em uma toalha.

– Você quer saber por que eu o ajudei? – ela perguntou.

Estava nítido que ela não queria responder à primeira parte de minha pergunta.

– Ajudei porque... porque gostei de seus piercings – ela disse.

– Você me salvou por causa de meus piercings?

Toquei rapidamente meu corpo para verificar se meus piercings falsos ainda estavam no lugar.

E então me lembrei do anel celta de Gabbi e tentei freneticamente senti-lo na mão. Fiquei aliviado ao encontrá-lo firme no dedo.

– Algum problema com isso? – ela ameaçou. – O que importa, afinal? Você está vivo, não está? Já não basta?

A garota era inacreditável.

– É melhor você se apressar se quiser *continuar* vivo – ela acrescentou. – Sério, Sligo vai voltar a qualquer minuto e se o vir... – ela fez uma pausa e jogou a bolsa por cima do ombro – ele vai saber que fui eu quem o soltou. Não podemos deixar isso acontecer. Ele nem pode descobrir que eu *sabia* que você estava no tanque.

– Entendi – eu disse.

Ela não precisava me avisar. Entendia tudo sobre perigo. Sligo havia me deixado lá para morrer afogado. Sabia do que ele era capaz.

– Mas primeiro precisamos voltar ao escritório para pegar minha mochila.

A garota alisou a saia molhada.

– *Nós*? Desculpe, mas, como eu acabei de dizer, não tenho tempo. Não quero terminar no tanque de óleo como você. Acho que ninguém viria *me* salvar.

Ela pegou o lenço que deixara na pia e foi em direção à porta.

– Espere! Quem é você? Por que me ajudou?

Ela passou por mim ao sair e diminuiu o passo quando chegou à entrada.

– Olhe, posso esperá-lo alguns minutos lá na estrada. Mas continuar aqui por mais tempo é muito perigoso para mim. Mesmo que você saia antes de Sligo voltar, não vá pela entrada principal, use o portão menor dos fundos do ferro-velho. Fica no canto.

Ela olhou para o relógio e então começou a correr, virando-se brevemente para gritar.

– Só vou esperar uns minutinhos, entendeu?

– Mas e minha mochila? – gritei. – O escritório está trancado.

Sua voz me alcançou.

– Tem uma chave extra no alto da janela.

00h52min

Às pressas, fui até a escada em frente ao escritório, deixando um rastro de passos escuros e molhados. Corri até a varanda e me estiquei, tocando a parte de cima da moldura da janela à minha direita.

Nada.

Ouvi o som de um carro se aproximando. Só podia ser Sligo e seus capangas voltando para pegar meu corpo.

Tentei o topo da janela à esquerda, arrastando os dedos na madeira até finalmente achar uma chave. Quase a deixei cair – eu ainda estava escorregando –, mas dei um jeito de destrancar a porta. Minha mochila estava exatamente onde a vira pela última vez: jogada no lixo. Peguei-a e com um só movimento voltei para fora.

Não consegui mais ouvir o carro. O ferro-velho parecia deserto. Talvez nem fosse Sligo voltando no fim das contas.

Livrei-me de minha calça jeans ensopada de óleo, tirei outra da mochila e a vesti com dificuldade por causa da pele molhada. Coloquei apressadamente meu casaco com capuz e comecei a correr, desejando que o lugar não fosse do tipo onde há cães sedentos de sangue para lá e para cá.

Uma poderosa luz subitamente invadiu a área. Virei-me e percebi que estava paralisado pelo susto. As luzes vinham dos faróis do carro que estava atrás de mim.

Comecei a correr de novo. Luzes brilhantes se deslocaram e me seguiram enquanto o carro avançou pelo terreno.

Dois homens saíram do carro e vieram atrás de mim correndo. Fui em direção aos fundos do ferro-velho, contando que encontraria o portão que a garota me disse para usar. Mantive-me agachado enquanto fui em frente, esbarrando em peças de carros enferrujadas, motores e outras partes de maquinários, até finalmente avistar o portão na cerca de arame.

Levantei-me e corri para o portão.

1h1min

Os capangas gritaram e praguejaram atrás de mim. Abaixei a cabeça e fiz as pernas correrem o máximo possível.

Quando já tinha percorrido algumas centenas de metros depois do portão, diminuí o passo, observando a rua à procura da garota. Ela surgiu do meio dos arbustos de repente.

– Corra! – gritei. – Eles estão vindo!

Sem dizer nada, ela se juntou a mim e saímos correndo pela estrada, descendo e subindo ruas sem pensar – tudo para ir o mais longe possível daquele lugar. Para longe de Sligo. Para longe do tanque de óleo. Para longe do perigo.

1h23min

Finalmente, o som de nossos perseguidores desapareceu e nós paramos de correr. Apoiei-me pesadamente em um muro, tentando recuperar o fôlego. A menina também havia parado e estava arfando perto de mim. Ela olhou para as palmas das mãos e percebi, sob a fraca luz do poste, que elas estavam vermelhas, inchadas e com bolhas. Ela devia ter se ferido quando estava fechando a torneira do óleo.

De repente ela olhou para cima e fui pego fitando suas mãos.

– E você nem me agradeceu – ela disparou.

1h25min

— Acredite em mim — apelei. — Estou agradecido. Obrigado... Ainda não sei seu nome...

Ela me ignorou e começou a caminhar, afastando-se. Ela havia salvado a minha vida, então, se queria ficar calada, que assim fosse. Por ora.

Nós fomos caminhando juntos, e eu esperava que tivéssemos nos distanciado o bastante do cretino do Sligo por enquanto. Eu estava suando por causa do calor que fazia naquela noite e da corrida intensa. Que vida.

— Eu sei *seu* nome — ela disse de repente, levantando os olhos e trocando a alça da bolsa de um ombro para o outro. Todo mundo na cidade sabe seu nome. Sligo certamente sabe.

Mais de perto, vi a maquiagem verde e dourada de seus olhos escuros. Reparei também que seus cabelos rebeldes e ondulados tinham certo brilho.

— Eu sei — ela disse.

Mas o que ela quis dizer com isso? Sligo não parecia o tipo de cara que ficaria interessado em um fugitivo adolescente, por isso só havia uma razão para ele estar atrás de mim: não sei como, mas ele devia saber de alguma coisa sobre a descoberta revolucionária de meu pai. Eu sabia que ele já tinha descoberto sobre o anjo, a joia e o enigma. Talvez alguma informação sobre a conferência na Irlanda tivesse sido revelada a ele.

1h32min

Paramos de novo e estava tudo sossegado e silencioso, exceto pelos grilos. Sentia como se eu estivesse tremendo todo. Deve ter sido algum tipo de choque atrasado.

Estávamos em algum subúrbio, rodeados por casas e estava certo de que todas as famílias que as habitavam já tinham ido dormir.

Pensei em minha mãe, insone em nossa casa, em um subúrbio distante a quilômetros de distância, e em Gabbi, sozinha na UTI do hospital. Nossa mãe quase perdera a família inteira: primeiro meu pai, Gabbi estava a caminho e, agora, eu. Queria tanto minha antiga vida de volta, queria não ser um garoto caçado, fugitivo, vivendo em uma espelunca, tentando estar sempre um pulo à frente de... de todo mundo.

– Eu ouvi por acaso – falou a garota, subitamente interrompendo meus pensamentos. – Sei que você tem algo que Sligo quer.

Olhei para baixo, para a rua comprida.

– Você sabe o que é? – perguntei.

Seria ótimo se essa garota tivesse alguma resposta real para me dar.

Ela balançou a cabeça negativamente e os cabelos cintilaram.

– Só sei que é importante para Sligo e nada irá detê-lo.

– Já percebi.

– Mas eu tinha certeza de que você não sabia nada sobre isso – ela disse de modo bem objetivo. – Você teria dito a ele se fosse o caso. Qualquer um teria... depois de ter sido enfiado em um poço de óleo.

Finalmente algo com que eu podia concordar.

– Você parece saber muito sobre mim. Não é nada justo que eu não saiba nem seu nome – eu disse na esperança que a conversa direta continuasse.

Tomei cuidado, pois não queria espantá-la. Estava em dívida com ela por ter fechado a torneira do óleo e havia muitas perguntas que eu precisava fazer. Não apena sobre Sligo e o que ele sabia sobre meu pai, mas sobre ela. Aquela menina havia me ajudado, salvado minha vida, mas o que ela estava fazendo com Sligo? Eu não conseguia entender. Ela não era nem um pouco parecida com as garotas que eu conhecia da escola. Mas, por mais estranha que fosse, era uma companhia e era bom ter alguém com quem conversar... alguém que não estava tentando me matar.

– Vou dizer meu nome quando chegarmos lá – ela disse.

– Chegarmos aonde? Pensei que estivéssemos simplesmente

fugindo.

– Agora é você quem vai *me* ajudar.

– É mesmo? Você podia simplesmente me pedir – sugeri. – Ninguém gosta de receber ordens, menos ainda de uma garota sem nome.

Com uma das mãos na cintura, ela me fitou de um jeito intenso.

– Tudo bem. Meu nome é Winter – ela disse. – Winter Frey. Satisfeito?

– Belo nome – eu disse.

– O que é belo me cai bem – ela respondeu.

Estava tentando pensar em algo engraçado para responder quando um carro entrou na rua em que estávamos, a cerca de um quarteirão de distância. Não esperei para ver se era o Subaru preto; puxei Winter pela mão para trás dos arbustos que cercavam o caminho de entrada de uma casa. Eu a soltei, mas só depois de reparar em uma pequena tatuagem de pássaro na parte interna do pulso esquerdo. Ela se afastou rapidamente, cruzando os braços como para se proteger, e nos agachamos e ficamos espiando o carro passar lentamente.

– O carro de Sligo – ela sussurrou.

Nós esperamos, escondidos no escuro, até termos certeza de que o carro tinha ido embora. Winter olhou para os lados.

– Vamos.

Estava exausto, mal podia caminhar. O rosto estava inchado de apanhar, as pernas e os braços estavam doendo da batalha travada no tanque e o velho machucado no ombro direito estava latejando, fazendo questão de que eu não me esquecesse dele. Em minha mente, ficava imaginando a tatuagem de pássaro de Winter, pensando em por que ela estaria perambulando pelas ruas comigo – um moleque fugitivo – no meio da noite.

– O que você está fazendo com Vulkan Sligo? – finalmente perguntei outra vez.

Já havia perdido tempo demais tentando imaginar a razão pela qual uma garota como ela estaria envolvida com um cara como ele.

Sob o abrigo de uma grande árvore, Winter se voltou para mim. Mantive os olhos na rua, atento a qualquer sinal de movimento.

– Quer mesmo saber?

– Foi o que eu disse.

– A resposta é simples. Ele é meu tutor.

– Seu tutor? Como assim? Cadê seus pais?

Subitamente, o ar que nos cercava parou de circular e ficou frio.

– Você faz perguntas demais – ela disse.

– Só estou atrás de informações básicas.

– Vá procurá-las em outro canto, ok?

Dei de ombros.

– E – ela retomou –, apesar de ser meu tutor, não tem mais como eu ficar ao lado dele a não ser...

– A não ser o quê? – interrompi. – É porque você também é algum tipo de fora da lei? Diga-me com quem anda e eu lhe direi quem é.

Olhei de novo para o pequeno pássaro em seu pulso.

Ela balançou os cabelos e um milhão de pontinhos brilharam.

– Tenho minhas razões. Razões muito boas que não tenho de explicar a ninguém. E ele precisa de mim. Mesmo que seja só para ajudá-lo a mudar sua imagem.

– Mudar sua imagem? Ele quer se endireitar? É isso o que você está tentando me dizer?

Eu não podia acreditar no que estava escutando.

– Ele quase me *assassinou* agora mesmo e você está me dizendo que ele quer mudar de imagem? Muito engraçado!

– Pode parecer uma piada para você, mas há algo que você devia saber sobre Sligo. Ele tem ambições. E não gosta de ser chamado de criminoso pela mídia.

– Ele é um criminoso! Não interessa como a mídia o chama ou deixa de chamar!

– Você tem de entender, ele não vê a coisa dessa maneira. Ele está desesperado para ser visto como correto, respeitável. Essa foi a única razão do interesse dele por você.

– Tão interessado que queria me matar afogado? Não estou entendendo-a, Winter.

– Ele queria usá-lo de algum jeito e, bem, obviamente os planos não saíram como ele queria. Olhe, eu não tenho que justificar nada para você. Apenas acredite em mim quando digo que essa coisa enorme que ele está procurando, a razão do interrogatório, está totalmente relacionada à sua patética tentativa de acabar sendo... respeitado e admirado. É isso o que é.

"A Singularidade Ormond", pensei. "Será que ela tem o poder de consertar quem já nasceu torto?"

– Às vezes desconfio que ele só esteja *me* usando – Winter continuou. – Minha família é... era muito rica. Nós tínhamos propriedades das terras altas até o Dolphin Point lá embaixo. Meus pais eram muito bem-sucedidos e conhecidos... em seus círculos.

Ela hesitou e senti algo como uma profunda tristeza que havia se congelado.

– Sligo trabalhava para meu pai... – a voz dela falhou – antes do acidente.

Ela parou de falar.

– Acidente? – perguntei cautelosamente.

– Não quero falar disso – ela disse, cortando-me.

Os olhos dela se acalmaram rapidamente e ela os pousou em mim, brilhantes, em sinal de aviso.

Um acidente matou seus pais? Eu queria fazer outras perguntas, porém me contive – ela havia deixado claro que o assunto era doloroso. Winter subitamente não parecia mais tão destemida. Já era ruim demais ter perdido meu pai – mas eu ainda tinha minha mãe. Mais ou menos.

– Responda-me uma coisa – ela disse, interrompendo meus pensamentos.

– Você sempre fala desse jeito? – eu perguntei. – Como se estivesse comandando um exército?

Winter virou a cabeça para um lado.

– É só uma pergunta simples. Você é bom em invadir casas?

Mansfield Way, Dolphin Point

2h2min

Estávamos em frente a uma enorme casa que fora construída a uma boa distância da estrada. A propriedade era rodeada por arbustos e uma cerca de ferro preta, alta e intimidadora. Era o número 113, de acordo com os números em bronze polido no portão. As casas vizinhas eram igualmente enormes e intimidantes, mas eram todas extremamente bem cuidadas – ao contrário desse lugar que parecia abandonado.

Voltei-me para Winter.

– Você quer invadir essa casa? – perguntei exausto. – Nem pensar. Você só pode estar fora de si. Ela deve estar repleta de câmeras.

Ela me olhou de cima a baixo.

– Não é tão segura quanto parece – ela disse, abrindo o portão com facilidade. – Está vendo? E, de qualquer forma, talvez eu pudesse ter formulado minha frase melhor. Na verdade, estou apenas visitando um amigo.

– Certo – eu disse –, e seu "amigo" sabe que você está vindo?

– Bem, na verdade... não é exatamente uma visita.

– Então é o quê?

– É uma... acho que só se pode chamar mesmo de invasão – ela disse. – Tem uma coisa aqui que eu tenho que pegar e ficaria realmente muito *satisfeita* se você me acompanhasse.

"Que maravilha", pensei.

Lá estava eu, foragido, tendo sobrevivido a uma tentativa de assassinato, com criminosos e a polícia atrás de mim, e agora essa garota queria que eu a ajudasse a invadir uma mansão em Dolphin Point?

– Qual é seu problema? – ela perguntou friamente, cerrando os olhos. – Eu salvei sua vida, esqueceu? E, de acordo com a mídia, você já tentou cometer assassinato. Duas vezes. Adolescente psicótico, é assim que o estão chamando. O que é uma invasãozinha comparada a isso? Se você não quiser me ajudar, eu posso simplesmente ligar para o *meu* Sligo e os capangas dele chegarão aqui em cinco minutos. Você não pode correr para muito longe nesse tempo.

Qual era a dessa garota de ficar me ameaçando? Será que ela só havia me salvado para poder me usar? Será que ela, assim como Sligo, também só sabia usar as pessoas?

– Enfim – ela disse rapidamente, sentindo minha mudança de humor –, não é para roubar.

Ela me puxou portão adentro atrás dela.

– A garota que está morando aqui tem uma coisa importante que pertencia a minha mãe. Eu só preciso coletar o que é meu.

– E por que sua mãe não pede para devolverem? – perguntei, sabendo que sem dúvida iria aborrecê-la.

Mas, assim que as palavras acabaram de sair da minha boca, senti vontade de poder retirá-las.

Winter desviou o olhar, porém não antes de eu poder identificar o forte golpe do pesar em seu rosto. Ela agarrou meu casaco e me empurrou com força para baixo, atrás de alguns arbustos.

– Minha mãe não pode pedir nada – ela sussurrou com firmeza em meu ouvido. – Minha mãe morreu.

Soltei-me dela.

– Sinto muito – sussurrei.

Winter deu de ombros.

– Eu não devia ter dito isso... sei como você se sente – tentei expressar boa vontade.

Winter me fuzilou com o olhar.

– Você *sabe*? O que *você* poderia saber sobre isso? Você é só um garoto comum do subúrbio que de repente arrumou encrenca. Agora você pensa que é algum especialista? Rá!

– Olhe – eu disse –, acalme-se. Você quer que nos peguem aqui?

Não senti nenhuma necessidade de me explicar com ela.

Pude perceber que ela estava pensando no que dizer. Ela cerrou os olhos ao falar.

– Enfim – ela disse –, o cara que mora aqui, o namorado, trabalha como guarda-costas para Murray Durham...

– Murray Durham?! – eu a interrompi na esperança de que houvesse algum engano. – Ele é mais perigoso do que Sligo! Você sabe como ele arrumou o apelido "Corta-dedos", não é? Acho que dispensa explicações.

A situação estava piorando a cada minuto. Winter Frey estava me ligando a outro canalha. Nunca pensei que viria a conversar com alguém que conhecesse tanto Vulkan Sligo quanto Durham "Corta-dedos"... Apesar de que, desde que dei de cara com aquele maluco ao voltar para casa na noite de ano-novo, parecia que eu não fazia outra coisa a não ser conhecer canalhas.

– Durham e Sligo eram amigos há muito tempo, mas agora são inimigos mortais. Eu não posso ser vista tendo nenhum tipo de relação com nada remotamente ligado a Durham. Sligo me renegaria. Minha vida depende disso... Bem, minha mesada depende disso.

Winter se inclinou para a frente e começou a checar os arredores da casa.

— Provavelmente preciso de Sligo agora tanto quanto ele precisa de mim.

— Mesada? — eu perguntei.

Ela prendeu o riso.

— Pode-se dizer que sim. Enfim — ela acrescentou —, é mais fácil desse jeito. Para encurtar a história, meu medalhão acabou ficando com a namorada do guarda-costas. Eu já estive lá dentro várias vezes e sei exatamente onde ele está.

A palavra "medalhão" me causou um arrepio na nuca. Sligo me perguntara sobre uma joia — e alguém tinha roubado uma da mala de meu pai. Será que era só coincidência? Será que essa garota tinha pegado a joia?

— O medalhão é seu? — perguntei a ela.

— Foi o que eu acabei de dizer. Minha mãe e meu pai o deixaram para mim, para meu aniversário de 10 anos.

— Então você não o ganhou recentemente?

— É — ela disse, revirando os olhos —, fiz 10 anos ontem! Eu acabei de dizer! O que é isso? Um interrogatório ou você só não ouve direito mesmo? Enfim, o problema que temos agora é o guarda-costas... Ele deve estar fora, trabalhando... mas não tenho certeza disso.

— Então nós vamos invadir a casa do "Corta-dedos" e ele pode estar lá dentro nos esperando?

Winter fez que sim com a cabeça.

— Que garoto esperto, hein? — ela disse com seu jeito irônico. — É *exatamente* isso. Chega de papo furado, vamos logo.

2h8min

Nós estávamos nos aproximando lentamente das enormes portas duplas frontais, espreitando de trás dos arbustos que margeavam a longa pista de entrada, quando Winter me puxou para trás pelo braço.

— Não por este caminho — ela cochichou. — Siga-me.

FEVEREIRO

Ela me fez dar a volta pela casa, passando por enormes janelas vedadas por cortinas até chegarmos a uma pequena escada que dava para uma porta menor. Winter pegou um cartão de crédito, enfiou entre a porta e a fechadura, girou com habilidade e a abriu sem fazer barulho.

Fiquei impressionado. Talvez eu pudesse aprender alguns truques com ela.

Nós entramos na casa e seguimos furtivamente pelo corredor. Ouvi o som de uma TV e dei um tapinha no ombro de Winter. Ela se virou para mim com o dedo nos lábios e fez um gesto para eu seguir em frente.

Na sala de estar, que surgiu no fim do corredor, um homem – imaginei que fosse o guarda-costas – estava esparramado em uma poltrona reclinável de couro preto, de costas para nós, em frente a uma enorme tela de plasma. A seus pés num tapete branco e grosso, dormia uma garota enrolada feito uma gata.

Winter apontou para a porta do outro lado da sala. Nós íamos ter de passar por trás deles e atravessar a sala para chegar lá.

O cara estava assistindo a um filme de guerra com muitas explosões, tiros e gritos. Perguntei-me como, diabos, a garota estava dormindo com aquele barulho todo. Ele parecia entretido com a ação, mas eu não quis pensar no que ele faria se virasse a cabeça e visse dois jovens invasores em sua casa.

Usando o volume da TV como proteção, Winter e eu nos espremamos bem junto da parede e nos esgueiramos pela sala de estar, um passo furtivo atrás do outro. Fomos deslizando, passando silenciosamente apenas a um metro das costas do homem assistindo ao filme. Quase havíamos chegado ao outro lado da sala quando ele, de repente, se virou – a sorte é que não foi para nosso lado. Na verdade ele olhou para o corredor vazio pelo qual havíamos acabado de nos arrastar. Será que ele tinha escutado alguma coisa?

Com pavor de que ele se virasse e nos visse, ficamos imóveis, porém o grito de uma criança no filme atraiu a atenção dele de volta para a tela.

Depois de percorrer a última parte da parede, passamos pela porta e subimos alguns degraus. Eu fui me arrastando atrás de Winter pelo corredor acarpetado e mal iluminado, passando por várias portas fechadas e algumas plantas pontudas que cresciam em vasos enormes. Winter pelo jeito sabia exatamente aonde ir.

Depois que entramos em um dos quartos, Winter fechou rapidamente a porta e acendeu uma lâmpada. A luz revelou o quarto de uma menininha. As paredes e as cortinas eram rosa claro, e a cama, cuja saia tinha babados brancos, estava coberta por travesseiros em todas as tonalidades imagináveis de cor-de-rosa. Gabbi teria adorado.

Winter foi direto para a penteadeira sobre a qual havia um espelho envolto por delicada moldura. Ela abriu a gaveta de cima e tirou dela uma caixinha de música de veludo vermelho. Segundos depois, em silêncio, tirou um pequeno medalhão de prata em forma de coração preso a uma corrente comprida. Com uma expressão vitoriosa, ela enfiou o medalhão com o cordão no bolso, balançou a cabeça afirmativamente para mim, apagou a luz e abriu a porta cuidadosamente outra vez.

Saímos às pressas do quarto e descemos a escada outra vez, pisando no carpete cuidadosamente para não fazer barulho. Não precisávamos passar de novo pela sala, por isso minha esperança era que sair da casa fosse mais fácil do que entrar nela.

2h20min

Winter abriu a porta da frente, porém a maçaneta escorregou de sua mão e uma rajada de vento fez a porta escancarar e bater contra a parede.

– Quem está aí?

– O que foi, meu bem? – a garota deitada no tapete perguntou atordoada e sonolenta.

– Tem alguém na casa!

Não hesitei. Agarrei Winter pelo pulso e a arrastei porta afora, seguindo pela pista e saindo pelo portão do número 113 o mais rápido que pude, só soltei o pulso dela quando chegamos à rua.

Seus pés mal tocavam o chão enquanto corríamos pela rua, virando à esquerda, depois à direita, depois à esquerda, até que finalmente, quando era seguro, caímos exaustos na grama de um pequeno parque iluminado pelo luar.

Ambos bufávamos e arfávamos olhando para o céu.

– Aquela maldita porta da frente! – ela disse, sentando-se. – Esqueci que ela bate!

Winter enfiou as mãos nos bolsos da saia e tirou duas barras de chocolate. Ela balançou uma em minha frente. Sentei-me e a tomei dela, rasgando a embalagem.

– Obrigado! Onde você arrumou isso?

– Digamos que eu sei onde minha *amiga* guarda chocolate também – ela respondeu sorrindo.

– Estava na cara que você já havia estado lá.

– Eu cresci naquela casa – ela disse.

Lembrei-me de como ela descrevera sua família rica.

– É mesmo? – eu disse. – Tenho um tio que mora neste subúrbio também.

2h41min

O celular de Winter tocou, fazendo-a pular de susto. Ela tirou o aparelho da bolsa. Observei-a se afastar para atender o chamado e imaginei quem estaria ligando àquela hora.

– Vou matar a sede – eu disse quando Winter voltou.

Levantei-me com as pernas doídas e fui me arrastando até um bebedouro no meio do parque. Bebi demoradamente e joguei água na cara e no pescoço, tentando me refrescar. Quando ergui a cabeça, peguei-me pensando em como poderia descobrir se a história que Winter tinha me contado sobre o medalhão era mesmo verdade. Seus olhos tristes transmitiam sinceridade, mas havia algo de não confiável nela. Determinado a saber mais, tomei outro gole antes de voltar para onde ela estava. Sob a luz do comprido poste do parque, encontrei Winter sentada na grama, mexendo em minha mochila.

– Ei! Pare com isso! – gritei, correndo na direção dela. – O que você está fazendo? Você não pode fazer isso! Tire as mãos das minhas coisas!

Estava tudo espalhado pela grama, inclusive os desenhos de meu pai e a folha de papel transparente que encontrei na mala dele com os nomes "G'managh" e "Kilfane". Comecei a juntar furiosamente minhas coisas do chão quando reparei que Winter estava abafando o riso. Ela tinha um dos desenhos de anjo nas mãos.

– Devolva-me isso!

Tentei arrancá-lo da mão dela, mas ela o puxou, tirando-o de meu alcance.

Eu estava prestes a lhe dizer umas verdades quando reparei nos olhos dela. Pela primeira vez, pareciam vivos e brilhantes. Ela apontou para o anjo e para a carta de meu pai.

– De onde veio isso? – ela perguntou. – Você o conhece também?

– O anjo? – eu perguntei. – Você sabe sobre o anjo?

Uma súbita animação aplacou minha raiva.

– Claro que sim! Eu sei onde ele está. Eu já o vi várias vezes!

Do que ela estava falando? Pelo jeito, a droga do mundo inteiro estava fazendo perguntas sobre o anjo e essa garota estava dizendo que sabia tudo sobre ele!

– Há quanto tempo você sabe sobre ele? – ela perguntou.

– Não sei nada sobre ele, apenas achei esse desenho que meu pai fez. Por quê? O que você sabe? O que o anjo significa?

Eu não estava gostando do jeito com que Winter segurava o desenho de meu pai, como se fosse dona dele, então o arranquei da mão dela.

O rosto de Winter voltou à expressão indiferente, superior e petulante de sempre.

– Por favor – eu insisti. – Conte tudo o que você sabe sobre isto.

– Por quê? O que isso significa para você?

Sentei-me na grama outra vez.

FEVEREIRO

– Meu pai desenhou esse anjo pouco antes de morrer.

A atmosfera entre nós mudou na hora.

– Seu pai morreu? – ela perguntou.

Fiz que sim com a cabeça.

Winter tirou cuidadosamente o medalhão do bolso.

– Agora você entende – ela disse com voz mais branda – por que isso é tão importante para mim.

Eu entendi. Entendi por que ela segurava o medalhão como se fosse a palavra final de um amigo perdido. Era o mesmo jeito que *eu* segurava os desenhos de meu pai.

– Você perdeu seu pai também, não é? – eu perguntei.

Lágrimas começaram a brotar em seus olhos. Ela desviou o olhar sem dizer nada... mas eu tive minha resposta.

Eu não estava mentindo quando disse que sabia como ela se sentia. Que tipo de acidente tirou a vida tanto da mãe *quanto* do pai? Também sabia que agora não era hora de tentar descobrir.

Ela permaneceu em silêncio por alguns instantes, sem olhar para mim, então pegou o medalhão, abriu-o e o passou para mim. Dentro havia duas fotos pequenas. Uma era de um asiático de cabelos pretos – que tinha olhos intensos puxados para cima como os de Winter – e do outro lado havia a foto de uma loura com o mesmo queixo delicado de Winter.

– Você parece um pouco com seus pais – eu disse, virando o medalhão.

– É mesmo? – ela perguntou. – É difícil parecer com um ou com outro quando a mãe é loura e o pai é chinês.

Na parte de trás do coração de prata estava delicadamente gravada a palavra "Passarinho" sob um caractere chinês.

Nesse momento o celular dela tocou outra vez. Ela pegou o medalhão de volta e se afastou para atender.

Esperei, pensando no entusiasmo dela ao ver o desenho do anjo, imaginando o que acontecera aos pais dela. Será que havia ligação com o Anjo Ormond? Winter me devia um monte de respostas, mas eu sabia que teria de ter muito cuidado e paciência.

Passarinho

Não consegui ouvir o que ela estava dizendo, pouco tempo depois ela desligou o telefone e voltou para perto de mim.

Ela me olhou bem nos olhos.

– Tenho que ir – ela disse. – Ele está me perturbando de novo.

– Sligo?

– Obrigada, Deus, pelos celulares – ela disse. – Ele pensa que estou em casa. Está na cara que está furioso porque você desapareceu, mas não desconfia que eu tenha algo a ver com isso. Graças a Deus. Ele gosta de achar que me põe rédeas. Até parece. Se ele soubesse onde e com quem eu estava de verdade!

– Escute – eu disse logo, pois não queria deixar escapar a oportunidade. – Preciso saber sobre essa história do anjo. É realmente muito importante.

Apesar de eu não ter certeza de nada sobre essa garota, podia sentir a excitação crescendo em mim ao pensar em uma virada tão inesperada – eu podia estar prestes a descobrir um dos segredos escondidos nos desenhos de meu pai.

– Primeiro você tem que me dizer por que é tão importante para você – ela disse. – Você me diz o motivo e eu lhe mostro o anjo que *eu* conheço.

Essa garota andava com bandidos e invadia a casa dos outros. Será que ela estava dizendo a verdade?

Winter já estava se afastando antes que eu percebesse que ela estava indo embora.

– Ei! Volte aqui! – gritei.

– Só se você me disser por que esse anjo é tão importante – ela gritou. – Por que Sligo está disposto a matar para obter informações sobre ele.

Eu não sabia o que dizer. Se eu contasse a ela sobre a Singularidade Ormond e sua ligação com os desenhos de meu pai, ela poderia ir direto ao Sligo e contar tudo para ele. Eu realmente queria confiar nela, mas até onde eu sabia ela não era nada confiável.

Dei um pulo e corri atrás dela, alcançando-a quando já estava quase na rua.

– Você tem que me contar onde posso encontrar esse anjo!

Ela se virou e afastou os cabelos do rosto.

– Eu não *tenho* que nada. Ninguém *me* dá ordens. Você me chama – ela disse – quando estiver disposto a negociar. Aí eu vou pensar no seu caso.

Ela deu as costas e se afastou às pressas.

– Eu não tenho seu número!

– Dê uma olhada em seu celular, Callum Ormond!

Corri até minha mochila e peguei meu telefone. Quando o abri, vi que a tela fora trocada. O tema agora era "Inverno ao luar", com direito a um número novo na minha lista de contatos.

Esconderijo
38 St Johns Street

6h5min

Os pássaros começavam a cantar nas árvores da rua quando eu estava me arrastando embaixo da casa para entrar pelo buraco no piso de madeira. O lugar tinha cheiro de mofo e estava abafado, então abri a porta dos fundos para que um pouco de ar fresco entrasse.

Eu não havia me dado conta de como estava com fome até começar a comer. Devorei metade de uma broa que já estava dura.

Não conseguia parar de pensar se devia ou não confiar em Winter. Precisava desesperadamente saber sobre o anjo que ela disse conhecer, mas não conseguia confiar nela. Eu já tinha problemas demais com Sligo e a mulher que me sequestrara e interrogara antes, a qual, por alguma razão, eu não tirava da cabeça que era ruiva. Eu não podia deixar que descobrissem mais nada.

O pequeno anel celta que Gabbi me dera cintilou no dedo.

— Fique bem, Gabbizinha — sussurrei, imaginando-a dormindo no leito da UTI.

Peguei meu saco de dormir e apaguei.

14h1min

— Cara, você está vivo — Boges disse quando atendi o telefone.

— Por pouco.

— Estava tentando ligar para você ontem à noite, mas parece que o seu celular estava fora de área. O que houve, onde você estava?

— Ah, história longa... — suspirei, sentando e me esticando. O ferro-velho era uma névoa há muito dissipada.

— Nada mais me choca. Pode me dizer qualquer coisa que eu acredito.

Pude ouvir a sra. Michalko chamando-o ao fundo.

— Droga, tenho que desligar, minha mãe está chegando — ele disse. — Eu vou visitá-lo assim que puder, ok?

2 DE FEVEREIRO
Faltam 333 dias...

17h17min

Passei o dia no esconderijo, tentando novamente extrair algum sentido dos desenhos e esperando que Boges aparecesse. Ouvi algumas pessoas falando e rindo ao passarem na rua enquanto eu espreitava do escuro, movendo-me feito uma barata.

Meus planos de visitar meu tio-avô em Mount Helicon haviam fracassado por completo graças a Sligo e, mesmo querendo ir até lá e encontrar algumas respostas, achei que provavelmente seria melhor ficar na minha por alguns dias.

Pelo jeito, o celular de Winter estava sempre desligado, o que estava me deixando doido. De que adiantava me dar o número se ela nunca atendia? Eu estava cansado de tantas perguntas sem resposta.

Estava me sentindo isolado e sozinho e minha vontade era voltar para casa. Liguei para minha mãe uma vez e deixei recado na secretária eletrônica só para poder ouvir a voz dela e para ela ouvir a minha. Disse que estava bem e que ela não precisava se preocupar.

Pensei de novo em minha irmãzinha presa a uma cama de hospital enquanto procuravam seu irmão de 15 anos... Eles deveriam estar protegendo-a de gente como aquela psicótica e Sligo, que estavam determinados a descobrir o segredo de meu pai e dispostos a eliminar qualquer um que entrasse no caminho deles.

FEVEREIRO

Não era justo: eu não havia feito nada de errado, mas estava cumprindo pena na solitária, afastado das pessoas que eu deveria estar protegendo. Eu só precisava ficar vivo tempo suficiente para resolver o mistério de meu pai.

3 DE FEVEREIRO
Faltam 332 dias...

2h11min

Acordei várias vezes, imaginando ouvir a voz de meu pai me chamando.

Revirava-me, não estava dormindo, mas também não estava completamente acordado. Estava preso naquele estado de sonolência, no qual via o surrado cachorro de brinquedo dos meus pesadelos. Ele pairava em minha mente, abatido e triste. Eu havia passado por tantos acidentes ultimamente que não podia entender por que essa imagem me deixava tão apreensivo. Tempestades no mar, tubarões, ser jogado no porta-malas de um carro, quase morrer afogado em um tanque cheio de óleo – eram coisas terríveis que eu *podia* entender.

9h33min

Abri os olhos. Algo havia me arrancado violentamente do sono. Agucei os ouvidos e ouvi uma batida surda que parecia vir de fora. Pensei imediatamente em Winter me entregando, com meus segredos, a Sligo.

Agachei-me atrás de uma das janelas coberta por madeira. Alguém estava, com certeza, espreitando do lado de fora; dava para ouvir os passos cuidadosos esmagando a grama comprida.

Avistei o buraco no chão e entrei nele, puxando rapidamente o carpete por cima da cabeça. Mergulhado em sujeira e teias de aranha, esforcei-me para ouvir para onde foram os passos.

Eles haviam parado. Curvado sob as tábuas do piso, comecei a engatinhar atrás da vegetação que crescia ao redor da varanda da frente, em direção à luz.

Tive de manter a cabeça abaixada para evitar colidir com o piso vergado acima. E me encolhi quando meu já dolorido ombro direito bateu em um mastro.

A luz à frente piscou de repente, desaparecendo atrás de uma silhueta que se arrastava em minha direção! Alguém estava embaixo da casa comigo!

Comecei a recuar desajeitadamente. Se eu pudesse voltar e sair pelo buraco no piso de madeira e puxar algo pesado para tampá-lo, poderia fugir. A não ser que houvesse alguém me esperando lá em cima também.

– Cara? Sou eu!

Boges!

– Cal! – ele chamou.

Olhei para a frente em meio à escuridão debaixo da casa. Enquanto a poeira baixava, levei um susto ao ver a cara redonda de Boges olhando bem para mim, a centímetros da minha!

– Boges! Quem mais estaria se escondendo aqui no escuro?

9h37min

– Você quase me mata do coração! – continuei.

– Foi mal, cara. Tinha um carro de polícia passando pela rua e eu achei que este caminho seria mais seguro. Belo lugar que você arrumou aqui – ele brincou, tirando uma teia de aranha pegajosa do rosto.

Boges riu de si mesmo quando subimos para dentro da casa.

– Algo com cheiro bom, para variar! – eu disse, quando ele abriu a sacola e me jogou um saco amassado de papel com sanduíches e batatas fritas dentro. – E ainda estão quentes!

– Sim, mas não se esqueça de comer suas frutas, jovem – ele disse com sua melhor imitação de senhora Michalko, jogando duas maçãs e uma banana para mim.

– Ah, obrigado, mama M! – brinquei.

Ele tirou o laptop por último. Em seguida nos ajeitamos no chão e nos voltamos para a comida.

– Quais são as notícias de Gabbi? – perguntei.

Boges parou de mastigar.

– Nenhuma mudança. Ela ainda está inconsciente. O estado é grave, mas estável.

Estável. Essa palavra fazia tudo soar um pouco melhor.

– E minha mãe?

Boges emitiu uma espécie de grunhido indeciso.

– Ela está *meio que* bem. Fui vê-la ontem à noite. Ela estava reclamando de um dos colegas de seu pai, um tal de Eric não sei de que, dizendo que estava muito decepcionada por ele não ter entrado em contato com ela.

– É o Eric Blair. Ele foi para a Irlanda com meu pai, mas estava trabalhando em outro projeto.

– Ele pode nos ser útil – Boges sugeriu. – Como ele é?

– Falei com ele umas duas ou três vezes ao telefone, antes de passar a ligação para meu pai, mas foi só isso. Pela voz, pareceu-me um cara legal. Papai aparentava gostar dele. Mas, você tem toda razão, talvez ele possa nos dizer mais sobre o que aconteceu por lá.

– Sem dúvida. Então esse Eric está na lista negra de sua mãe e, quanto a você, bem... Ela ainda acha que você teve algum tipo de colapso, que está reagindo a todas as coisas ruins que lhe aconteceram. Ela chegou até a murmurar qualquer coisa sobre saber que esse dia haveria de chegar e, quando pedi que explicasse o que estava querendo dizer, agiu como se não tivesse dito nada. É esquisito, cara. Não sei, é que ela parece tão... tão vazia. Como se estivesse lutando contra si mesma, contra algo que lhe diz que você é inocente. Eu disse a ela que você jamais teria feito algo como aquilo, disse que você era inocente, "Qual é, senhora O, é do Cal que estamos falando", e ela se limitou a dar um tapinha no meu braço e dizer que lamentava por *mim*.

Boges me olhou com uma expressão de impotência. Ele começou a coçar a cabeça. Era como se ele soubesse que eu precisava saber o que estava acontecendo, mas não quisesse ser ele a me contar.

– Cal, eu tentei dizer a ela que suas digitais só estavam na arma porque você a segurou quando estávamos na casa de seu tio, mas não adiantou nada. Parece que ela imagina que eu esteja inventando histórias para protegê-lo, como se eu estivesse sendo idiota de acreditar que meu melhor amigo está sendo injustamente acusado. Sabe, Rafe disse umas coisas sobre seu "estado de instabilidade mental" e "recente comportamento agressivo"... e ele está convencido de que foi você quem atacou Gabbi e atirou nele. Como se pode discutir assim?

– O que há de errado com ele? Instável? Agressivo? É melhor que ele não esteja falando daquele dia na cozinha! Eu estava só tentando arrancar *minha* correspondência da mão dele quando o idiota caiu sozinho. Eu não encostei um dedo nele. Ele mentiu sobre os desenhos e está mentindo novamente.

– Mas por que ele iria mentir sobre isso? – Boges disse, mais afirmando do que perguntando.

– Sei lá. Acho que ele é um otário e mentiroso, mas jamais iria machucar o cara.

Boges pegou um pouco de batata frita.

– Bem, alguém fez isso.

– E seja quem for que fez isso com Rafe também colocou minha irmã em coma – eu praguejei e chutei a perna de uma cadeira quebrada. – Como se eu tivesse coragem de machucá-los!

– Eu sei, eu sei, meu amigo. Calma. Mas, seja qual for a razão, é isso o que ele pensa.

– Simplesmente não faz sentido.

Abaixei a mão que segurava meu sanduíche comido pela metade.

– Ele está mentindo. E ninguém vai acreditar em mim. A não

ser você. Os adultos só escutam os adultos. A palavra de uma criança não quer dizer nada.

– Cara, a questão não é só sua palavra. A questão é que tem suas digitais na arma.

– É, e, como você já disse, nós dois sabemos como elas foram parar lá. Simplesmente não entendo. Nós sabíamos que, se minhas digitais estavam na arma, era porque só podia ser a arma dele. Talvez ele soubesse de algo ruim que estivesse para acontecer. Ele podia estar levando a arma com ele para se proteger... Ah, e daí? – eu disse frustrado com tantas suposições.

Nós nos sentamos de novo e ficamos olhando para o teto.

– Então... estou até com medo de perguntar... – disse Boges hesitante. – O que aconteceu na outra noite, quando você disse que era uma "longa história"?

Tinha certa esperança de que ele não me fizesse essa pergunta. Suspirei e resumi tudo, começando pela explosão no cassino, depois que escapamos dos seguranças do estacionamento do Liberty Mall, até a parte em que me jogaram como um saco de lixo dentro de um tanque subterrâneo de óleo.

11h2min

– Preso em um tanque de óleo! – Boges gritou. – Ele estava tentando afogá-lo?

– Ei, calma! Sim, um tanque de óleo. Achei que seria o fim. O óleo cobriu toda a minha boca e quando perdi a esperança alguém interrompeu o fluxo e o tanque parou de encher.

– Quem? Quem fez isso?

– Uma garota.

– Uma garota? Quem?

– O nome dela é Winter Frey. Ela diz que Vulkan Sligo é tutor dela...

Percebi que Boges começou a desconfiar logo.

— Aparentemente ele trabalhava para o pai dela, não sei quanto tempo atrás. Os pais dela eram cheios da grana, mas ambos morreram em algum tipo de acidente e, desde então, ela está sob os cuidados do nojento do Sligo.

— Então, se ela está com ele, por que o salvou? — Boges quis saber.

— Sei lá.

Eu também queria saber a resposta para essa pergunta.

— Talvez ela não tenha conseguido ficar indiferente enquanto eu estava prestes a morrer.

Ela devia estar escondida em algum lugar, observando tudo acontecer.

— Acho que ela não tem quem a sustente e por isso precisa dele — retomei —, mas não acho que ela aprove a vida de gângster que ele leva, sabe, esse negócio de afogar adolescentes e tal. Ela acha que ele está seriamente disposto a se fazer aceito pelas pessoas; transformar-se em uma espécie de pilar da sociedade.

Pareceu que Boges ia se engasgar depois que eu falei em "pilar da sociedade".

— Eu sei — continuei. — Que tipo de pilar da sociedade mata as pessoas... mas Winter diz que Sligo acredita que a Singularidade Ormond o fará famoso. Se ele conseguir decifrá-la. Acabei sendo um fracasso como fonte de informações para ele, mas ao menos agora sei que têm duas gangues de bandidos correndo atrás da Singularidade, seja lá o que isso for. Winter diz que quer me ajudar, mas acho que ela está fazendo isso para eu ficar lhe devendo favores. Quer deixar as pessoas em dívida com ela para que possa chamá-las quando precisar de alguma coisa.

Boges escutou atentamente enquanto eu explicava a invasão para recuperar o medalhão de Winter e que, quando estávamos no parque, ela disse conhecer o anjo dos desenhos do meu pai.

— Você acredita nela? Que ela sabe onde está o anjo? — ele perguntou.

Lembrei-me do rosto luminoso dela; esse tipo de coisa não se pode fingir.

— Estou convencido disso. Ela realmente ganhou vida ao ver o desenho – eu disse. – Ela prometeu que me levaria para vê-lo.

Boges se ajeitou em uma posição confortável no chão, perto da parede, e a expressão séria voltou à sua cara redonda.

— Mas ela tem seus próprios interesses, ou seja, saber por que o anjo é importante para você.

— Ela salvou minha vida, Boges. Por isso estou disposto a correr certo risco com ela, apesar de ser uma garota esquisita. Ela não se parece nada com as garotas que eu conheço, e acho que gosto disso nela. Enfim, como você já disse, o anjo é importante. Meu pai o desenhou duas vezes, então acho que ela é nossa melhor chance nesse momento.

— Ela é bonitona?

— O quê?

— Winter. É bonita, não é?

— Ela é legal – eu disse embaraçado.

Normalmente eu jogava aberto com Boges quando o assunto era garotas, porém algo me fez guardar essa parte de Winter só para mim.

Boges ficou me observando.

— Certo. Se ela começar a juntar as peças, nós estaremos seriamente encrencados. Fique esperto, cara. Nós não queremos outro rival, ou inimigo, atrás da mesma coisa. Menos ainda alguém que está ligado ao maluco do Sligo. Você já tem dois inimigos poderosos demais.

"Pelo menos", pensei.

— Tente ligar para o número dela outra vez – Boges disse.

O número para o qual você ligou está indisponível no momento. Por favor, tente mais tarde.

Boges abriu o laptop.

— Ninguém sabe sobre este computador. Alguém o jogou fora porque parou de funcionar, mas ele só estava precisando de uma bateria nova – disse. – A placa-mãe estava boa. Por isso, antes de voltarmos a quebrar a cabeça com os desenhos, vamos fazer seu perfil.

— Eu já tenho um perfil – falei melancolicamente. – Em todas as delegacias.

— Acho que você devia fazer um blog — ele sugeriu. — Um apelo ao público poderia ajudar.

— Um blog?

— É. Um lugar onde você possa contar seu lado da história e rebater essas maluquices que a mídia vem dizendo sobre você. Ninguém tem que vê-lo nem saber onde está. As pessoas só vão ler o que você tem a dizer e julgar por si mesmas.

— Boa ideia. Boges, você é um gênio.

— Eu sei.

— E modesto também.

Por um instante foi como nos tempos de antigamente, quando eu era só outro garoto zoando por aí com um amigo. A sensação não durou muito, mas pelo menos eu tinha um pouco de esperança, e uma chance de contar ao mundo minha inocência.

13h4min

Durante o tempo que levamos para fazer meu perfil, acabei me esquecendo da misteriosa da Winter até que olhei para meu celular e vi o rosto dela olhando para mim. Estiquei a perna e cuidadosamente empurrei o aparelho para baixo de minha mochila.

— Não posso ficar mais muito tempo — Boges me lembrou ao olhar o relógio dele. — Já matei todas as aulas da manhã. Não quero começar o ano letivo levando notificações da escola para a minha mãe.

Boges sabia imitar a assinatura da mãe perfeitamente.

Jamais pensei que teria inveja de alguém por frequentar a escola, porém eu faria qualquer coisa para pegar minha mochila e ir com Boges. "Boas-vindas" no pátio da escola, todos os discursos sobre as "novidades das férias" e "expectativas para o ano que se inicia" — tudo isso normalmente me entediaria a ponto de chorar. Teria até me sentado alegremente para assistir a uma das aulas de biologia do sr. Lloyd e escutado-o falar longa e arrastadamente sobre segurança no laboratório com aquela voz chata e monótona enquanto ajudava Boges a conduzir seus pequenos experimentos pioneiros por baixo dos panos. Ou a aula de inglês da sra. Hartley e seus intermináveis monólogos sobre Shakespeare e poesia.

– Acho que ninguém quer ouvir meu lado da história – comentei. – A polícia já tem uma opinião formada sobre mim, e nós dois sabemos que minha mãe e Rafe acham que sou algum pirado perigoso.

– Eles estão preocupados com você, isso é verdade – Boges disse.

– E eu estou preocupado com minha mãe. Queria que Rafe ficasse longe dela.

– Acho que ela conta com ele agora que seu pai se foi – Boges disse. – E ele *é* irmão de seu pai.

– Ele ser a cara do meu pai não quer dizer nada – retruquei. – Sempre que ele está por perto acontece alguma coisa ruim. Ele roubou os desenhos e mentiu sobre eles. Agora me meteu nesta enrascada, Boges. Por que Rafe quer me tirar do caminho?

– Espere aí, nós não temos prova disso. Não acho que seja Rafe quem quer vê-lo enrascado; só acho que ele realmente não o ajudou a sair da enrascada. Mas, se você parar para pensar, ele também passou por poucas e boas. Ele perdeu o irmão gêmeo. Quase morreu afogado em Treachery Bay. Sabe, podiam tê-lo *matado* no seu lugar naquele dia. E ele tem problema de coração, não tem? A sobrinha dele está em coma. O sobrinho está foragido. A cunhada está prestes a ter uma crise nervosa e ele é o único tentando segurar a barra. Ninguém mais se manifestou. A coisa também não está sendo fácil para ele, Cal. Eu o vi na casa da sua mãe e ele me pareceu arrasado.

– Você pode estar certo. Ele é tão frio o tempo todo que nem me lembro de que talvez tenha um coração lá dentro.

– Não tiro sua razão. Enfim – disse Boges, pegando seu celular e me puxando para o banheiro, onde tinha mais luz – vamos tirar uma foto rápida de perfil. Essa espelunca não vai dedurar onde você está, mas é melhor você virar o rosto um pouco para que a maior parte fique na sombra.

Como a minha vida agora. Nas sombras.

Boges ajeitou o celular e tirou uma foto.

– Essa vai servir. Vou baixá-la agora mesmo.

– Espero que minha mãe veja isso – desejei.

– Pode deixar que eu vou fazer com que ela veja – Boges disse.

– Quem sabe, ela mude de ideia sobre mim.

Boges fez que sim, porém senti que ele estava só sendo gentil.

– A polícia vai acabar vendo – ele disse –, mas isso não vai ajudar em nada. Só vamos precisar tomar muito cuidado onde e quando postamos mensagens.

Boges começou a guardar suas coisas.

– Apareço de novo no fim de semana – ele prometeu. – Ah, quase esqueci, comprei isto para você guardar os desenhos.

Ele me deu uma pasta de plástico duro com um fecho na parte de baixo.

– Coloque os desenhos aqui. Eles vão estragar se não foram guardados direito.

Ele parou e vi que ele já tinha alguma coisa em mente.

– O que foi? – perguntei, pegando a pasta.

– Cara – ele disse, pegando seu laptop –, tome cuidado, está bem? Sério mesmo. Nem por um segundo pense que você está a salvo, porque não está. Odeio dizer isso, mas não quero que você entre na lista de tragédias.

– Eu sei. Morto não sirvo de nada para ninguém.

– Estou disposto a fazer qualquer coisa para ajudar. Você sabe disso. Acho que esse blog é uma boa iniciativa, mas lembre também que nunca é tarde demais para desistir da fuga. Não quero perder o melhor camarada que um cara pode ter. Se você quiser continuar com isso, estou de seu lado. Se quiser parar com tudo, também estou de seu lado. Então pergunte a si mesmo... Você tem mesmo certeza de que quer persistir com isto? Desvendar o segredo de seu pai agora que está começando a se dar conta do tamanho real do perigo?

À fraca luz da casa abandonada, as palavras de Boges soaram

| Web | Imagens | Vídeos | Notícias | Mapas | Mais ▼

Busca Web

Olá, Callum

Fale com Cal
Mensagens para Cal

Homem
15 anos de idade
Richmond

Caixa de entrada
Atualizar perfil
Sair

Meu nome é Cal Ormond. Tenho 15 anos e *costumava* frequentar a Richmond High School. Tenho certeza de que vocês já ouviram falar de mim na TV e nos jornais. Esqueçam tudo isso; nada do que eles dizem sobre mim é verdade.
Eu sou inocente.

Amo minha irmãzinha Gabbi e jamais faria nada de mal a ela. E não ataquei meu tio Rafe. Não tenho motivo para feri-lo. Entrei em casa mês passado e encontrei os dois inconscientes. Corri até Gabbi e fiz reanimação cardiopulmonar até ela voltar a respirar. Nunca achei que fosse ter de fazer isso de verdade em ninguém. Estava sendo perseguido, por isso tive que fugir assim que a ambulância e a polícia chegaram.

Vocês podem imaginar como é encontrar seu irmãozinho ou irmãzinha estendido no chão? Foi a pior coisa que já vi na vida, e tenho visto muita coisa ruim ultimamente. Agora Gabbi está em coma e eu não posso visitá-la para dizer que tudo ficará bem.

Desde que meu pai morreu no ano passado, muitas coisas ruins vêm acontecendo comigo. Meu tio e eu quase morremos afogados em Treachery Bay, pois nosso bote foi sabotado. Nossa casa foi vandalizada e depois vieram os ataques violentos contra Gabbi e Rafe. Nossa família está sendo alvo de algo e não sei o motivo. Não é só a polícia que está atrás de mim, porém não posso dizer mais nada sem arriscar a minha segurança e a de minha família.

Estou fugindo e todo mundo acha que sou do mal. Eu *não sou* uma pessoa perigosa e não ataquei meu tio nem minha irmã. Por favor, acreditem em mim. Preciso de gente do meu lado. Tudo o que quero é limpar meu nome e permanecer vivo para poder cuidar da minha família. Só isso. Por favor, se vocês souberem de qualquer coisa que possa me ajudar, entrem em contato antes que seja tarde demais.

POSTADO POR TEENFUGITIVE ÀS 13h31min   0 Mensagens sinistras, quase assustadoras: *O tamanho real do perigo*. Eu havia feito uma promessa a mim mesmo quando estava na minha antiga casa, olhando nos olhos de meu pai na foto da família, e não voltaria atrás.

– Não tem jeito de voltar atrás agora – respondi. – É isso o que me dá força para continuar na luta.

– Força para continuar na luta? Nunca achei que você fosse do tipo que caça aventuras – Boges disse sem sorrir.

– Longe disso. Apenas sei que não vou servir de nada para ninguém trancafiado em uma casa de detenção de menores.

Olhei ao redor da pocilga em que estava vivendo.

– A única coisa que me faz continuar na luta é a *verdade*. Sei que é perigoso, mas, enquanto houver chance de resolver o mistério da Singularidade Ormond e limpar meu nome, preciso fazer isto. Eu *tenho* que fazê-lo. Senão terei que continuar fugindo pelo resto da vida.

7 de fevereiro
Faltam 328 dias...

16h3min

Tinha desistido de tentar ligar para Winter, convencido de que ela havia me dado um número errado. Estava começando a achar que a garota estava me enrolando com aquele papo de saber do anjo. Como ter certeza se alguma das histórias que me contou havia mesmo acontecido do jeito que ela disse?

Cumprindo sua palavra, Boges chegou, subindo pelo buraco no chão outra vez. Eu estava louco para vê-lo, não só pela companhia, mas para saber se meu blog tinha vingado.

– Está "bombando" – Boges me garantiu – e está tendo um monte de acessos.

Senti-me melhor após ouvir isso. Não estava tão desligado assim do mundo.

– Alguém já postou alguma coisa?

– Ainda não, mas acho que é só questão de tempo alguém tomar a iniciativa; as pessoas ainda estão nervosas com essa história. Mas imagino que, assim que você conseguir o primeiro comentário, centenas virão em seguida. Aviso quando isso acontecer.

Boges tirou o caderno de capa de couro preto presa por um elástico que ele sempre carregava: um registro de ideias surgidas no meio da noite, esboços complicados e anotações quase indecifráveis.

– Quero lhe contar as informações que consegui na internet sobre o Enigma Ormond: "A Sociedade do Enigma Ormond dedica-se à propagação e performance de música da Renascença e da dinastia Tudor" – ele leu. – Não é grande coisa, parece tirado do website de algum grupo vocal.

Ele tinha razão, não era nenhuma novidade.

– Outro website explica que se achava que o Enigma Ormond – Boges continuou – tivesse sido escrito por um famoso músico da Casa de Tudor, William Byrd. Mas não havia nada lá em palavras de verdade... ou música... ou seja lá o que for que estamos procurando. Vou procurar de novo assim que puder. Enquanto isso, podemos dar outra olhada nos desenhos?

– Claro.

Tirei a pasta de onde a escondera, debaixo de umas tábuas soltas do assoalho, e esvaziei-a, espalhando os papéis no chão. Boges apontou para a imagem da Esfinge, batendo com o dedo no desenho a lápis da mitológica besta agachada e o busto romano em frente a ela.

— Li sobre a Esfinge e sobre o Egito — ele disse —, para tentar descobrir por que seu pai fez este desenho. Não sei o que este desenho significa exatamente, mas descobri uma coisa interessante.

— É? — indaguei. — Fale logo.

— A Esfinge está ligada a um enigma.

— Um *enigma*?

Uma onda de energia me fez sentar com as costas retas.

— Agora, sim, *isso* é interessante. O enigma da Esfinge e o Enigma Ormond.

— Seu pai tinha enigmas na cabeça e aposto que ele sabia tudo sobre o Enigma Ormond. Talvez ele até soubesse as palavras. Tem mais alguém em sua família que possa saber de algo?

— Talvez um de meus parentes mais velhos possa ajudar; um tio--avô ou tia-avó. Não consegui encontrar meu tio Bartolomew, como havia planejado, mas ele provavelmente é minha maior esperança.

Minha família não era grande. Meus avós paternos morreram há muito tempo e os poucos parentes de minha mãe moravam no exterior.

— Você acha que meu pai estava tentando dar a entender que o segredo que ele perseguia, a Singularidade Ormond, tinha a ver com a solução do Enigma Ormond?

— Sim, e por isso eu procurei no dicionário o significado exato da palavra "enigma".

— Enigma não é um tipo de brincadeira de adivinhação? Uma espécie de pegadinha?

— Ouça e aprenda, cara — Boges disse, voltando a ler seu caderno. — De acordo com o dicionário, um enigma é "uma pergunta ou afirmação que requer raciocínio para ser respondida ou compreendida; algo desconcertante, algo que requer elucidação; uma charada".

— Uma o quê?

— É, eu tive de procurar essa palavra no dicionário também. "Uma charada é algo secreto ou escondido" — disse Boges.

— Disso nós já sabíamos! — resmunguei frustrado. — Olhe bem os desenhos; *todos* são charadas!

— Espere um minuto. Você não pensaria em enigmas se não tivesse visto palavras como "Enigma Ormond" no escritório de seu tio. Seu pai não tinha como saber que você conseguiria essa informação – ele disse, levantando-se e recolhendo suas coisas.

— Como queria que meu pai tivesse nos dito algo que realmente ajudasse.

— Cara – disse Boges, o rosto redondo subitamente muito sério –, olhe o que estamos enfrentando. Seu pai sabia que tinha que ter muito cuidado ao lhe passar essa informação, e isso foi antes que ele perdesse as conexões mentais dele. Você tem sorte de ele ter conseguido fazer os desenhos.

Boges passou o elástico ao redor do caderno e o enfiou no bolso.

— É claro que ele também estava contando que eu estivesse aqui para ajudá-lo a decifrar tudo. Sério, o que seria de você sem mim?

— Não sei se gosto mais de seu cérebro ou de sua modéstia, Boges.

— Eu posso imaginar, cara. Deve ser difícil me acompanhar. E não pense você, nem por um segundo, que estou me vangloriando de meu talento. São apenas fatos.

Ele estava só tirando onda, mas era verdade. Na escola, Boges era sempre o melhor, ano após ano, em quase todas as matérias. E é claro que também tinha toda uma parafernália eletrônica, totalmente inventada por ele. Era capaz de tirar qualquer lixo da rua e fazer funcionar de novo em pouco tempo. Uma vez construiu uma "mochila-robô", que se locomovia por meio de esteiras, como as de um tanque de guerra, que "caminhou" com ele até a sala de aula. Ele fez e vendeu algumas mochilas-robôs para outros garotos até que os professores perceberam que ele só as projetara para promover colisões monstruosas nos corredores com os outros garotos, do tipo batida de caminhão, e então as baniram.

— Decifraremos isso, um com a ajuda do outro – disse Boges. – Quando eu chegar em casa depois da escola, vou procurar saber quem é esse romano e pesquisar o Enigma Ormond na internet outra vez. Também vou ver se consigo alguma coisa procurando "Anjo Ormond".

– Boa ideia.

Olhei para as feições fortes do desenho do romano, a maneira com que o cabelo estava enrolado sobre a testa dele, o nariz grosso e os olhos vazios. Parecia um daqueles bustos de mármore que a gente vê nos museus. Achei que entendia a Esfinge. Mas junto com o busto? Não fazia sentido.

Sirenes começaram a soar na rua. Saltei correndo para espiar através de um buraco perto da porta.

Recuei com um pulo amedrontado.

– Polícia! Tem policiais na rua!

– Essa não, tomara que não tenham me seguido – Boges sussurrou. – Tomei muito cuidado, sempre tomo.

Ele espiou pela fenda como eu fizera.

– Tem uma van da polícia do outro lado – ele disse, virando-se. – Se eles me virem saindo daqui e alguém me reconhecer...

– Rápido! Para baixo da casa – falei, agarrando os desenhos e os enfiando de novo na pasta de plástico.

Boges pulou primeiro e eu desci atrás dele. Dessa vez fomos cuidadosamente para os fundos da casa, debaixo da varanda.

Atrás de uma pequena clareira bem na frente da varanda, o jardim tinha virado um matagal e as trepadeiras encobriam arbustos e pequenas árvores. Nós forçamos passagem pelo mato para chegar até a velha cerca dos fundos.

– Tenho que ir – Boges disse. – Minha mãe vai querer saber onde estou, pois prometi que a levaria fazer compras. Sabe como o inglês dela é ruim...

– Tudo bem, mas volte logo. Você sabe que não posso fazer isso sem você.

– Ah, o que é isso – Boges brincou, o rosto redondo sorridente como uma abóbora de Halloween. Ele enfiou uma nota de 20 dólares em minha mão. – E eu aqui pensando que você não ligava.

Dei um soco de brincadeira nele e ele me devolveu outro, depois pulou a cerca e sumiu.

Esperei embaixo da casa, observando os policiais do outro lado da rua por aproximadamente uma hora. Parecia que havia algum tipo de briga doméstica na área, nada a ver comigo nem com meu esconderijo.

Quando voltei para dentro da casa, tentei me concentrar nas informações que tinha até o momento sobre os desenhos. Tínhamos uma coleção de objetos de uso pessoal, um blackjack, algo que parecia apontar para o Enigma Ormond...

E ainda, é claro, havia certo alguém que alegava saber mais sobre os desenhos do anjo.

Eu tinha que arrancar mais informações dela. Tinha que correr o risco.

9 DE FEVEREIRO
Faltam 326 dias...

Ferro-velho

9h4min

Com o capuz cobrindo o rosto, eu me arrisquei a voltar ao ferro-velho de Sligo. Após ter perdido algumas horas de sono, rolando de um lado para outro, pensando no assunto, percebi que não tinha escolha: precisava falar com Winter, e essa era a única opção. O tempo estava passando.

Escondi-me atrás de uns arbustos do outro lado da rua, em frente à entrada principal, e, apesar de ver pessoas indo e vindo, inclusive o cara robusto de camiseta vermelha que me jogara no tanque, não vi nenhum sinal dela.

O estabelecimento era muito maior do que eu imaginara. Grande parte estava no escuro quando Sligo me capturou. Tinha visto apenas o escritóio, a lavanderia e a pequena área que estava ilumidada. Todo o restante além dessa área até o portão pelo qual eu havia escapado eram trevas.

Depois de mais ou menos uma hora monitorando o lugar, estava prestes a ir embora quando algo chamou minha atenção. Havia alguém pulando a cerca do lado esquerdo do terreno. Entrei em estado de alerta. O ferro-velho de Sligo estava sendo invadido! Deviam estar roubando peças! O ladrão não precisava se preocupar comigo – sem chance de eu correr para dedurá-lo ao chefe. À medida que ele avançava pude ver a silhueta com mais nitidez; era um garoto de botas, calça jeans e casaco marrom-escuro com capuz. Ele foi espreitando por entre as fileiras de carros, como se estivesse à procura de alguma coisa. Quando começou a levantar as lonas, uma por uma, percebi que alguns dos carros vieram de acidentes feios e estavam com os para-choques amassados, rodas e eixos retorcidos em ângulos estranhos. Acho que o garoto estava procurando alguma marca e modelo específicos.

Era uma sensação estranha estar na posição de testemunha silenciosa, em vez de ser aquele que tenta fazer as coisas na surdina. O garoto pulou de um carro não muito longe de mim e quando se levantou ... vi que ele na verdade era *ela*!

A figura esguia voltou logo para o chão e seguiu em frente, arrastando-se em meio às fileiras de carros, erguendo lonas, soltando-as e passando para o próximo automóvel.

Quando eu estava prestes a ir embora, ela deve ter notado o movimento e se virou para ver quem a estava observando. Rapidamente, encolhi-me atrás de meu esconderijo e espiei através dos arbustos. A garota vasculhou a rua com os olhos e então, convencida de que não havia ninguém, continuou a busca.

Levantei-me vagarosamente e recuei, completamente perplexo.

Por que diabos Winter Frey estava xeretando o ferro-velho de Sligo?

12 DE FEVEREIRO
Faltam 323 dias...

Esconderijo
38 St Johns Street

12h13min

Passei a pensar ainda mais em Winter depois que a vi no ferro-velho. O que ela estava fazendo sorrateiramente por lá? Será que ela tinha um esquema de venda de peças sem que Sligo tivesse conhecimento? Eu quis chamá-la, tinha ido até lá para encontrá-la, porém sabia que ela teria corrido. E ela *não* teria ficado contente de ser flagrada...

Frustrado por jamais conseguir falar com ela, olhei para seu número em meu celular. Enfiei-o na mochila de novo.

Fazia alguns dias desde que eu vira Boges pela última vez e também não conseguira me comunicar com ele.

14h56min

— Boges! — falei, depois de atravessar o recinto praticamente num pulo com medo de que o telefone parasse de tocar antes de eu alcançá-lo para atender.

— Eu sei, desculpe, não consegui entrar em contato nos últimos dias, mas, de qualquer forma, cara, tenho algumas novidades.

– Aconteceu alguma coisa com minha mãe ou Gabbi? – perguntei, sentindo a pulsação no peito acelerar.

– A Gabbi, lamento dizer, continua na mesma – Boges respondeu. – Sua mãe está bem, mas...

– Mas o quê?

– Ela está se mudando para a casa de Rafe.

Senti um aperto no coração. Sabia que isso acabaria acontecendo mais cedo ou mais tarde, pois nossa casa fora anunciada para alugar, mas estava esperando que algum tipo de milagre acontecesse e minha mãe conseguisse resolver a situação financeira antes de tomar qualquer decisão.

– Sabia que você não ia gostar – Boges disse –, mas, olhe, eu conferi seu blog e parece que está indo bem, você recebeu umas mensagens.

– É mesmo?

– Algumas pessoas estão falando o que pensam de você. Tem aqueles malucos de sempre, mas alguns estão claramente do seu lado. Bem, pelo menos duas pessoas. Duas gatas: Tash e Jasmine.

Senti um sorriso aparecer em meu rosto. Achei os nomes bonitinhos.

– O que elas postaram?

– Só que percebiam que você não era do mal e que todos deveriam ser considerados inocentes até provarem o contrário – ele disse.

Balancei a cabeça, achando ótimo que duas garotas que eu não conhecia acreditavam em mim.

– E – Boges continuou – elas também disseram que achavam você bem bonitinho e que gostariam de protegê-lo dos caras que são realmente do mal...

– O quê?!

– Sério! Foi o que elas escreveram. É impressionante o que a vida de crimes pode fazer por um cara!

Boges se atrapalhou com o telefone por um momento.

– Se você estivesse aqui, veria que estou com a mão erguida em posição de "toca aqui". Vamos lá, não vai me deixar com a mão para cima!

Nós dois caímos na risada.

– Acho que isso está promovendo *minha* popularidade também – Boges disse. – Madeleine Baker sentou do meu lado na aula de artes hoje de manhã.

– Não brinque!

– Primeiro ela disse que gostou muito de minha escultura de aranha de metal no ano passado, pelo menos até a escultura sair correndo depois de eu desenvolver aquele programa para ela...

– É, a aranha passou pelo portão da escola e foi parar embaixo de um ônibus!

– Então Maddy disse que devia ter sido muito duro para mim descobrir que meu melhor amigo era... – Boges hesitou.

– Era o quê?

– ... um psicopata.

Pude ouvir Boges se mexendo desconfortável.

– Desculpe. Não queria tocar nesse assunto. Eu respondi que não me importava nem um pouco, que você não era psicopata e que seria apenas questão de tempo até todo mundo se tocar disso.

Odiava dizer isso, porém não era de surpreender. Sabia muito bem o que todo mundo estava pensando de mim. Minha mãe achava que eu era um monstro.

– Então ela terminou se sentando do lado de outra pessoa? – perguntei.

– Não, na verdade, não. Vamos fazer um projeto de fotografia juntos. Vamos sentar lado a lado o período todo, queiramos ou não!

– Se você estivesse aqui, veria minha mão pronta para um "toca aqui", Boges. Qual é, não me deixe com a mão para cima!

Rimos novamente.

Queria ver os comentários no blog pessoalmente. Talvez até acrescentar alguns. Resolvi que iria a uma *lan house* assim que fosse seguro.

– Acho que esse negócio do blog é bem legal, mas também atraiu a artilharia – Boges disse. – O delegado de polícia disse que a página permanecera disponível. Eles esperam poder rastreá-lo. Conseguir informações que os levem aonde você está.

– Não vou deixar escapar nada. Mas eles podem me rastrear eletronicamente?

– Seria muito difícil. Já tomei várias providências para tornar isso quase impossível.

– Você é uma lenda, Boges. Obrigado.

Ouvi ao fundo centenas de garotos zoando no pátio da escola de onde Boges estava falando.

– Acho que desisti de Winter – comentei. – O celular dela está sempre desligado.

– Talvez seja melhor assim – Boges disse. – Ela faz parte da gangue de Sligo. Como você pode ter certeza de que não estão juntos nessa? De que ela não esteja "fazendo jogo duplo".

– Como assim?

– Andei pensando nisso. Toda essa história do tanque deve ter sido armação. Sligo finge que tenta matá-lo, depois ela finge tentar salvá-lo quando parece que é o fim, para fazer com que você conte todos os seus segredos por gratidão a ela. Enquanto isso, ela conta tudo ao chefão.

– Boges, acho que não é isso. Eu estava a segundos da morte quando ela interrompeu o fluxo do óleo.

– Viu? – Boges perguntou. – É nisso que eles querem que você acredite. Você começa a acreditar nela, baixa a guarda e revela tudo sobre os desenhos, a carta de seu pai, o porta-joias vazio... aí eles juntam essas informações ao que já sabem... Funciona bem melhor do que afogá-lo em um poço de óleo.

Pensei um pouco no assunto. Boges podia estar certo. E eu nem havia dito a ele que a vira xeretando no ferro-velho.

– Mas nós não sabemos o que eles já sabem – eu disse.

– Exatamente – Boges afirmou. – E é por isso que você tem que tomar cuidado extra.

De repente, um barulho veio da parte da frente da casa. Deitei no chão.

– Tenho que desligar – sussurrei. – Tem alguém lá fora.

O som voltou, era barulho de algo se rasgando, algo sendo destroçado. Alguém estava arrebentando as madeiras da porta da frente e tentando entrar!

Praguejei ao telefone.

– Boges, tenho que desligar!

Sem me importar com o barulho que estava fazendo, agarrei a pasta com os desenhos e enfiei tudo na mochila, então a joguei no buraco do piso. O som de madeira se esfacelando preenchia o ar.

Olhei rapidamente ao redor, esperando não ter deixado para trás nada que me incriminasse, mergulhei no buraco no piso e puxei de volta o carpete para tampá-lo.

Arfando, engatinhei por baixo da casa, abrindo caminho pelo mato denso por onde Boges escapara antes.

15h19min

Arrastei-me pelo matagal de folhas e galhos, pulei a cerca, sorrateiramente atravessei o quintal da casa vizinha e saí em disparada.

Ouvi uma gritaria atrás de mim, mas continuei me esquivando dos obstáculos, passando uma rua atrás de outra e aumentando a distância entre mim e a casa da St Johns Street.

Pátio ferroviário abandonado

15h52min

Parei de correr ao chegar à parte oeste do centro da cidade, perto da ferrovia. Meu corpo pingava de suor quando me espremi para passar por uma cerca e entrar em uma área deserta com velhos galpões de ferrovia e vagões enferrujados separados pela grama alta que crescia entre eles. Eu praticamente desmaiei no chão, escondido debaixo de um vagão velho, torcendo para que os invasores da casa não fossem policiais.

16h4min

Parecia que os pátios estavam abandonados há anos. Procurei câmeras de segurança. Não vi nenhuma – não havia mesmo nada por lá que precisasse de proteção contra ladrões –, mas fiquei de cabeça baixa mesmo assim.

16h43min

Sentindo que a área estava segura, saí e comecei a investigar o local mais de perto. Não muito longe de meu esconderijo, havia um profundo buraco: uma vala de cimento que se estendia terreno abaixo. Pulei nele e o segui até chegar à abertura de um enorme bueiro tubular que certamente conduzia a água da chuva para baixo da terra. Era como a abertura de um túnel ferroviário, só que com um terço do tamanho. Estava bloqueado, mas as barras haviam sido retorcidas, o que permitia que eu me espremesse entre elas com certa facilidade.

A partir desse ponto, o chão de cimento do túnel adentrava a escuridão.

"Deve ser um bom lugar para se viver escondido por um tempo", pensei.

Girei o corpo para alcançar minha mochila e peguei a lanterna. A luz revelou paredes cobertas por grafites. Algumas pichações eu reconhecia da cidade. Havia duas que sobressaíam às demais:

SE CHOVER, CAIA FORA DO CANAL

FORA MALUCO

Fazia séculos que não chovia, então eu não precisava me preocupar com o primeiro aviso. Mas o segundo me perturbou. Era uma pichação que eu vira muito nas últimas duas semanas e eu já esperava que algum "maluco" estivesse à espreita.

Segui em frente.

17h23min

Não consegui mais enxergar a luz que vinha do buraco por onde entrara no túnel, estava rodeado por breu. Iluminei a área procurando alguma pichação ou mensagem. Obviamente, poucos estavam dispostos a se aventurar tão para o fundo da vala.

17h36min

Cheguei a uma intersecção onde o canal de escoamento de águas pluviais se alargava e se dividia em forma de Y, com dois canais avançando no escuro. Logo acima, na altura da cabeça, minha lanterna revelou duas cavidades profundas nas paredes do túnel, uma de cada lado, provavelmente para que os funcionários da manutenção guardassem material ali. Iluminei a minha volta para conferir cada uma e concluí que a da esquerda parecia mais seca. Eu não seria visto se ficasse rente à parede. Eu podia acampar lá. Se alguém se aproximasse, ouviria o eco dos passos.

Joguei a mochila para dentro da cavidade e depois, cuidadosamente, posicionei a laterna de modo que a luz me iluminasse. Aguarrei a borda do buraco e projetei meu corpo para cima.

As escaladas que fizera com meu pai ajudaram.

Esparramei-me em meu saco de dormir, abri um pacote de biscoitos e comecei a pensar nas pessoas que liam meu blog e, por alguma razão, acreditavam em mim. E pensei naquela garota estranha, a Winter, e me perguntei outra vez que jogo ela estava jogando. Tomara que Boges estivesse enganado em relação a ela.

21h

Acordei dolorido e sentindo câimbras.

Precisava fazer alguma coisa. Não podia simplesmente ficar pulando de buraco em buraco. Já era quase metade do segundo mês. Eu fora avisado de que precisava sobreviver 365 dias – até onde eu havia chegado? Meus pensamentos estavam bagunçados demais até para fazer uma simples subtração.

No fim das contas, esse pesadelo não se resolveria sozinho. Sem a ajuda de Winter, o único lugar onde eu achava que encontraria informações era a casa da qual eu escapara após o primeiro sequestro. Eu precisava saber mais sobre meus inimigos. Tinha que parar de ser caçado e fazer com que *eles* passassem a ser a caça.

22h20min

Caminhando às pressas na escuridão, procurei nomes de ruas conhecidas, ou de edifícios, casas, qualquer coisa que eu reconhecesse de minha longa jornada para casa depois de escapar do primeiro sequestro. Estava determinado a achar o local onde fora mantido preso, e, apesar de só ter visto uma pequena parte da entrada da frente, os ladrilhos e o interior de um pequeno depósito de produtos de limpeza, tinha confiança de que, se visse o lugar de novo, o reconheceria.

Mas encontrar a rua certa – essa era outra história.

22h52min

Umas duas ou três vezes eu pensei ter visto algo conhecido, mas acabou não resultando em nada. Estava procurando um cruzamento específico que me lembrava de ter visto não muito depois de escapar pela claraboia do pequeno depósito.

Havia uma pequena igreja em uma esquina, um lava-rápido

24 horas na outra e, do outro lado da rua, uma escola cujo pátio era cercado e ocupava uma grande área.

Senti que estava chegando perto.

23h23min

Estava pensando em ter de encarar a longa caminhada de volta aos canais se não fizesse nenhum progresso quando apertei os olhos para ver se o pequeno edifício do qual eu me aproximava era mesmo a igreja que estava procurando.

À direita havia um lava-rápido e o pátio de uma escola escuro, vazio e sinistramente iluminado pelos postes de rua. Corri para mais perto.

Havia encontrado o cruzamento!

Em pé, no meio-fio em frente à igreja, tentei recordar os detalhes daquela noite. Eu fora dominado pelo medo e adrenalina e seria um milagre se conseguisse me lembrar de qualquer coisa.

Lembrei-me do meio-fio de arenito no qual eu tropeçara quando estava sendo carregado, do saco escorregando de minha cabeça, de ter saído do porta-malas e comecei a correr rua abaixo pelo lado da igreja, procurando alguma entrada de garagem que se encaixasse em minha lembrança.

Passei pelas casas rapidamente, olhando atentamente para todas, até que, através dos portões de um imóvel grande, reconheci a calçada na qual havia tropeçado.

Saltei para trás depressa quando um carro surgiu na rua e passou direto por mim.

Pulei a cerca discretamente, passei despercebido pela entrada de carros e me escondi atrás de grandes latas de lixo reciclável. Havia um veículo estacionado na garagem. O interior da casa estava completamente escuro. Não havia nenhuma luz acesa. Com sorte, isso significava que todos estavam dormindo.

Olhei para os lados, procurando sinais de que este era mesmo o local que eu queria achar, mas só encontrei umas bicicletas de criança penduradas na parede da garagem. Levantei sorrateiramente e espiei o interior do carro. Uma maçã, filtro solar, alguns lenços umedecidos e um assento de elevação.

Eu só podia estar no lugar errado...

13 DE FEVEREIRO
Faltam 322 dias...

00h8min

Passava da meia-noite. Confiando na minha intuição, resolvi começar minha busca pelo meio-fio e voltei à rua.

E eis que, uns cem metros depois, encontrei outra entrada de carro, com meio-fio de arenito e com um enorme portão aberto. Com esperança de ter uma vista melhor, agachei-me ao lado da van de um encanador que estava estacionada em frente à casa dos vizinhos.

Havia o som de vozes suaves e sinais de movimentos. Concentrei-me para localizá-los.

Uma porta de carro batendo. *Era a Mercedes azul-escura do sequestro!*

Alguém mexendo em chaves.

O som de saltos femininos na calçada de pedra seguidos por passos mais fortes e secos.

Duas pessoas – uma mulher usando um lenço irregular na cabeça e um homem de silhueta avantajada à sombra – estavam caminhando do carro para a porta da frente.

Do meu ângulo privilegiado, vi os dois entrarem na casa; as luzes se acenderam, indicando a parte da casa em que se encontravam.

A casa era fortemente protegida por barras de metal nas janelas inferiores e uma porta reforçada na frente. Eu estava quase certo de ter achado o lugar que procurava, mas como iria fazer para entrar?

00h19min

Ao lado da casa havia um pinheiro alto, podado recentemente; os galhos inferiores perto da entrada haviam sido cortados, formando uma "escada" natural que praticamente me convidava a subi-la.

00h22min

Os galhos arranharam meu rosto e minhas mãos quando subi na árvore e os mosquitos também estavam me bombardeando, mas em compensação eu podia ver claramente o interior da casa por uma janela aberta perto da varanda do primeiro andar.

E lá dentro estavam os ladrilhos vermelhos e pretos nos quais pisei quando estava sendo interrogado por aquela desequilibrada!

A porta do cômodo principal, dentro do meu campo de visão, se abriu e duas pessoas entraram. A mulher havia tirado o lenço da cabeça e seus cabelos vermelhos intensos estavam arrumados em um penteado complicado. Vermelhos intensos! Como eu sabia disso sem tê-la visto antes? Eu não vira praticamente nada, exceto o chão, durante o sequestro e o interrogatório, mesmo assim, por algum motivo, lembrava que tinha cabelos vermelhos... Exatamente como a mulher atrás da mesa que eu estava vendo nesse momento através dos galhos do pinheiro.

Ela se debruçou sobre uma gaveta e tirou um tipo de cigarro comprido, fino e marrom – uma cigarrilha. A fumaça tomou conta do ambiente e começou a flutuar, saindo pela janela em minha direção. Prendi a respiração.

Ela estava conversando com o sujeito que saíra do carro atrás dela e que agora estava parado do outro lado da mesa. O corpo volumoso do homem mal cabia no terno. Ele parecia uma daquelas bolas de exercício com roupa. A ruiva falava em alto e bom som com sua voz inesquecível, forte e agressiva. Ela gesticulava com as mãos e golpeava o ar com a cigarrilha como quem enfatiza pontos importantes. Ele também aparentava ter muito a dizer e ambos demonstravam muito interesse por uns papéis que estavam sobre a mesa na frente dela.

Pela forma como ela dominava a sala e a conversa, percebi que era a mulher que me interrogara na noite em que me sequestraram no Parque Memorial. Lembrei-me do jeito com que Sligo reagira quando eu a descrevera para ele, o jeito como ele cuspira e esfregara o salto do sapato no cuspo no chão. Ele sabia muito bem quem era ela.

Peguei meu celular, gostaria que o zoom da câmera fosse maior. Felizmente a sala estava bem iluminada, nem precisei do flash. Tirei logo a melhor foto que pude da mulher. Não ficou nenhuma maravilha, mas eu certamente capturara suas feições e formas básicas. Ela era um tipo peculiar, de modo que eu esperava que alguém, em algum lugar, a reconhecesse.

Lá dentro, a mulher amassou a cigarrilha e abriu uma comprida jarra de vidro cheia de bolinhas de prata que estava sobre a sua mesa. Ela colocou algumas na boca e percebi que eram os confeitos que Gabbi adorava usar para decorar bolos. Então ela abriu um laptop. A tela do computador irradiou uma luz azulada no rosto dela. Pensei de novo se aquela não seria a mulher que me procurara dizendo ter informações sobre meu pai... e que depois armou para mim. Seria ela *Jennifer Smith*?

De repente ela fez um gesto dramático com os braços, chamando o grandão para ver alguma coisa na tela. Ele correu para o lado dela e se abaixou para ver sabe-se lá o que haveria de tão intrigante naquela tela. Eles se olharam por um momento de modo intenso e quando percebi a ruiva estava me encarando!

00h35min

Desabei no chão na mesma hora e meu movimento deve ter acionado alguma espécie de iluminação automática, pois o jardim se acendeu feito um estádio de futebol à noite. Eu não parei para ouvir o que estava acontecendo atrás de mim; toda minha energia estava concentrada em sumir de lá.

Eu disparei pela rua abaixo até chegar ao cruzamento e então voltei pelo caminho por onde viera.

Depois de correr para longe e sentir que estava fora de perigo, parei para verificar se alguém tinha me seguido.

Nada.

Esforcei-me para ouvir algum carro, vozes, passos...

Nada.

Ninguém estava me seguindo. Eu estava correndo sem ser perseguido. Será que eles tinham me visto? Tinha certeza de que aquela mulher estava me encarando! Será que eles tinham câmeras de segurança do lado de fora? Será que eu estava completamente paranoico? Será que eu tinha fugido à toa?

Fosse o caso qual fosse, havia encontrado a casa, fotografado a mulher e escapado ileso.

14 DE FEVEREIRO
Faltam 321 dias...

Canal de escoamento de águas pluviais

10h10min

Eu havia passado o dia inteiro explorando o canal. Boges não conseguiria vir a meu encontro nos próximos dois dias, então tentei me manter ocupado caminhando para cima e para baixo nos túneis, remexendo nas minhas coisas, dormindo, olhando para o teto... falando sozinho.

Precisava sair de novo.

Estação Central

11h29min

Agora eu era apenas outro garoto anônimo peregrinando pelas ruas perto da Estação Central. Nada de incomum nisso. Pelo menos era o que ficava repetindo para mim mesmo.

Tentei parecer calmo e tranquilo e passar despercebido, mas sentia como se houvesse centenas de olhos voltados para mim.

Parei perto de uma quadra de basquete onde um grupo de garotos estava jogando. Sempre gostei de jogar basquete ou qualquer outro esporte, na verdade, e senti vontade de jogar com eles.

De repente senti um arrepio me subir pela nuca. Alguém *estava* olhando para mim. Tinha certeza. Virei-me, mas não havia ninguém. Voltei a prestar atenção na quadra de basquete e foi então que tive o maior choque da minha vida!

Tinha um garoto do outro lado da quadra cercada por rede olhando para mim! Mas não foi isso o que me deixou sem ação.

Olhei para ele também perplexo!

Estava vendo coisas?

Ele parecia tão chocado quanto eu, o que não ajudou em nada.

Meu cérebro começou a tentar explicar o que estava acontecendo. Será que eu estava vendo algum tipo de reflexo? Esfreguei os olhos como um personagem de desenho animado, mas quando olhei de novo o garoto ainda estava lá.

Ele era idêntico a mim – pelo menos como eu costumava ser. Meu rosto, meu corpo, meus olhos, meu nariz, meu queixo, minhas sobrancelhas. *Minha* cara!

Minha cara antes de eu tentar ficar irreconhecível.

Eu o encarei novamente. Ele continuava idêntico a mim e ainda estava me encarando.

Fiquei fascinado.

Finalmente despertei do encanto e o chamei.

– Ei! – eu gritei e comecei a correr pela lateral da quadra, tentando alcançá-lo.

No momento em que comecei a correr, ele fez o mesmo. Mas ele estava *fugindo* de mim.

Ele disparou, as pernas e os braços acelerados como se estivesse correndo para salvar a própria vida. Parecia uma experiência bizarra fora do corpo, parecia que eu estava *me* vendo correr para salvar *minha* vida um mês atrás.

– Ei! Espere! – eu o chamei.

Mas ele não olhou para trás. Simplesmente continuou a correr. Eu continuei atrás dele, percebendo como ele se abaixava e ziguezagueava em meio às pessoas, passando por ruas estreitas e vielas. Todos os truques que eu passei a conhecer tão bem.

Consegui mantê-lo à vista quase todo o trajeto até o porto, mas lá o perdi.

Não adiantava. Eu não conseguia continuar. Meu corpo estava completamente exaurido. E ele era rápido – tanto quanto eu costumava ser.

Eu parei e coloquei as mãos nos joelhos, para recuperar o fôlego, tentando desesperadamente extrair algum sentido do que eu acabara de ver.

15 DE FEVEREIRO
Faltam 320 dias...

Lan house

11h11min

Escolhi um computador nos fundos da lan house, com a tela virada para a parede, longe de olhos curiosos, apesar de o lugar estar praticamente vazio.

Fui direto para meu blog. A imagem sombreada na foto do meu perfil apareceu na tela e me lembrei do garoto que vira na quadra de basquete no dia anterior. Tentar entender o motivo pelo qual havia um garoto idêntico a mim, perambulando pelas ruas, estava me enlouquecendo. Ele devia estar se perguntando o mesmo.

Mas agora eu não podia perder mais tempo com esse mistério. Tinha outras coisas importantes a fazer.

Havia um monte de mensagens no meu mural. Algumas eram horrorosas – completos estranhos me chamando de todo tipo de coisas. Outras eram de pessoas dizendo que queriam entrar na minha gangue.

Como se eu fosse algum gângster.

| Web | Imagens | Vídeos | Notícias | Mapas | Mais ⌄

Busca Web

Olá, Callum

Fale com Cal
Mensagens para Cal

Homem
15 anos de idade
Richmond

| Escreva no mural de Callum | Mensagens para Callum |

02/14
J@s&T@sh:
Vc manda bem! A gente acredita em vc :). Ah,
** Feliz Dia dos Namorados!! **
  Jasmine e Natasha té +

  Ontem foi Dia dos Namorados?* Eu não reparei. Pelo menos isso significava que eu tinha conseguido passar da metade do mês.
  – Você está conferindo o blog do garoto psicopata, é?
  Levei um susto e me virei para ver de quem era a voz que me interrompera. Era o dono do estabelecimento: um sujeito alto e magrelo de seus 40 e poucos anos. Ele devia estar entendiado porque tudo estava calmo. Eu não o culpava, mas não estava a fim de bater papo. Fechei logo a janela.
  – Ei, eu estava lendo – ele disse.
  – Ah, foi mal, eu tenho que ir nessa – murmurei.
  – Ele deve ter um esconderijo muito bom para ousar se expor na internet desse jeito – o cara continuou. – Li em algum lugar que

---

* Nota do editor: Em alguns países, o Dia dos Namorados é comemorado no dia 14 de fevereiro.

os psicopatas fazem de tudo para chamar atenção. Mas, rapaz, esse garoto deve ser um animal. Imagine só seu irmão fazer uma coisa dessas com você.

Ele balançou a cabeça em sinal de desaprovação e deu um peteleco em uma mosca morta que estava no teclado a meu lado.

– Não me admiro que a mãe dele não esteja batendo bem das ideias.

Ele me fitou e franziu a testa.

– Você de vez em quando vem aqui, não vem?

– É, você já deve ter me visto por aqui – eu menti. – Estou esperando meu pai consertar meu laptop.

Virei-me para a tela outra vez e inclinei o corpo para pegar minha mochila. Eu nunca tinha estado lá. Precisava pular fora antes que ele percebesse por que eu lhe parecia familiar.

– Essa garotada de hoje em dia tem tudo de mão beijada. Computadores, celulares, sala de chat, todo tipo de informação para baixar em segundos, bons carros assim que aprendem a dirigir – ele disse, olhando para as cadeiras vazias e telas inativas. – Bem diferente de minha época. Tudo muito fácil. Essa garotada de hoje não sabe como a vida é dura.

"Meu chapa, experimente morar em um canal de águas pluviais", eu quis dizer.

– Você deve ter razão – foi o que eu disse.

Então me levantei e saí.

16 DE FEVEREIRO
Faltam 319 dias...

Burger Barn

12h5min

Boges e eu combinamos de nos encontrar em uma lanchonete agitada e barulhenta. Decidimos que seria mais seguro do que nós conversarmos no canal pluvial, onde duas pessoas vistas juntas levantaria suspeita e resultaria em problema na certa.

Além disso, havia sido arriscado demais Boges ir até a casa abandonada da St Johns. E a verdade é que eu não queria que ele visse o estado de meu último alojamento.

Notei que o homem da lan house que havia falado comigo no dia anterior estava lá, mas me esquivei quando ele passou.

Boges apareceu, puxou a cadeira do outro lado e pôs a bandeja na mesa.

– Então, o que é que você tem para *mim*? – ele perguntou enquanto tirava dois hambúrgueres, batata frita e bebidas do pacote.

– Vi um cara que era a minha cara – eu disse afobado.

Esperei que ele se sentasse e me inclinei na direção dele.

– Cara, *igualzinho* a mim. Ele estava me encarando do outro lado da cerca na quadra de basquete da Estação Central e, quando tentei falar com ele, o garoto saiu em disparada.

– Eu entendo o lado dele – disse Boges. – Se eu não o conhecesse, também sairia correndo. Cara, você está parecendo um bicho.

Olhei para o vidro fosco atrás dele, onde pude ver meu reflexo. Tive que admitir que meu visual espantaria qualquer pessoa normal.

– Mas, Boges – eu insisti, estou dizendo, ele era a minha cara. Idêntico a mim. Exatamente. O mesmo – eu disse lentamente para enfatizar bem. – E ele estava olhando para mim como se me conhecesse ou como se estivesse se perguntando o que eu estava me perguntando: por que tem um cara que é a minha cara na minha frente?

– Você quer dizer que ele tinha uma tatuagem falsa e malfeita no pescoço, um monte de piercings e cabelo de ninho de rato?

– Não.

– Então ele *não* era igualzinho a você.

– Ele era igualzinho ao que eu *costumava* ser – eu disse impaciente. – Foi muito doido. Eu fiquei completamente em pânico. Ele e eu ficamos.

Boges deu uma boa mordida em seu hambúrguer.

– Dizem que todo mundo tem um sósia, um *doppelgänger*, e que não é boa coisa se deparar com o seu...

– Como assim?

– Digamos apenas que é sinal de más notícias. Talvez seja apenas mais um mistério. Estou trabalhando com um deles, o PMO...

– O quê? – eu perguntei.

– O PMO – ele repetiu, pronunciando pê, eme, ó. – O Perigoso Mistério dos Ormond.

Boges sorriu.

– Descobri mais coisas sobre o enigma da Esfinge, ele está ligado a outra esfinge. Não àquela que seu pai desenhou.

– A única que eu conhecia era a que ele havia desenhado: a Grande Esfinge de Gizé, no Egito.

– Essa outra esfinge é bem diferente – Boges continuou. – Ela era algum tipo de mulher louca, metade humana, metade leoa. E tinha atitude. Era o tipo de esfinge que fazia as pessoas que passavam por ela pararem e tentarem resolver um enigma, se não conseguissem, seriam mortas. Estranguladas e devoradas.

– Certo, e quanto ao romano? Onde você acha que ele se encaixa?

Boges deu de ombros.

– Ainda estou trabalhando nisso. Na aula de história eu perguntei ao sr. Addicot se houve alguma ligação entre Roma e a Esfinge e parece que, por volta de 48 a.C., Júlio César estava envolvido em algum negócio no Egito.

– É da Esfinge egípcia que você está falando agora, certo? Não a mulher-gato...

– Certo. Não podemos esquecer que os desenhos não significam exatamente o que tem neles; a gente tem que aprender a pensar como seu pai pensava. De outra perspectiva. De fora para dentro.

Boges demonstrou, gesticulando com as mãos.

– Então, aqui está o que eu considero que ele estava tentando nos dizer: este enorme segredo que ele estava prestes a revelar é algo que tem a ver com *História*, um enigma de vida e morte com relação a alguém de poder, um rei ou soberano, alguém como Júlio César.

Ele se recostou na cadeira.

– E também tem algo a ver com uma joia, um objeto que se usa, que pode ou não ter sido roubada da mala de seu pai, e um *blackjack*... ou 21... Não é grande coisa, mas é a minha melhor dedução.

Eu joguei uma batata frita nele.

– Alguém de poder. Agora fica bem mais fácil. Existem só alguns trilhões de reis e soberanos na História.

Boges pegou a batata que caíra em sua camisa e a comeu.

– Isso pode querer dizer apenas que seu pai estava enfatizando a real importância de descobrir a verdade sobre a Singularidade Ormond.

– Essa parte eu entendo – disse, pensando de novo naquele demente que ficou gritando avisos naquela tarde quente de dezembro quando tudo começou.

Suspirei. Meu pai estava mesmo escondendo as coisas bem. Garantindo o M de PMO.

— A única outra coisa que podemos fazer a esta altura – Boges disse – é ligar para aquele tal de Eric que trabalhou com seu pai na Irlanda e perguntar se ele sabe algo a respeito do assunto, isso sem deixar escapar nada, é claro.

Eu dei outra mordida em meu hambúrguer que estava sumindo rapidamente.

— É, vou fazer isso assim que puder. Teve sorte com as palavras do Enigma Ormond?

— Não, não surgiu nada ainda.

Nada fazia sentido suficiente para que eu me importasse. Não conseguia parar de pensar em meu sósia. Não era surpresa nenhuma que aquilo significasse mau presságio.

— Então, quais as outras novidades? – eu perguntei. – Algo na escola? Ganhou algum presente especial da Maddy pelo Dia dos Namorados?

— Não – Boges riu. – Quem sabe, no ano que vem... Nunca se sabe. Todos os caras da escola estão querendo saber onde você está e o que aconteceu. Vivem me perguntando.

Era esquisito saber que todo mundo estava falando de mim.

— O sr. Addicot também me fez mais perguntas sobre você – Boges disse –, meio que tentando me sondar para ver se eu sabia algo sobre seu paradeiro. Eu me fiz de desentendido.

Boges sorriu.

— Acredite, meu amigo, fazer-me de desentendido foi difícil. Bem difícil. Principalmente quando estou queimando meus neurônios para ganhar uma bolsa de estudos no laboratório de robótica da Universidade da Pensilvânia.

— Pensilvânia, Estados Unidos?

— Aham. O laboratório de pesquisa deles ganhou milhões de dólares em subsídios para desenvolver baratas-robôs.

Eu dei um chute nele por baixo da mesa.

— As baratas do meu esconderijo não eram boas o bastante para você?

– Ei!

Ele devolveu o chute.

Boges havia acabado de comer o sanduíche dele e estava de olho no meu.

– Caia fora! – eu ordenei.

Peguei meu celular e achei a foto da ruiva que eu havia tirado quando estava empoleirado na árvore.

– Foi ela quem me sequestrou na rua naquela noite perto do Parque Memorial – eu disse. – Eu localizei a casa para onde eles me levaram. Não sei como, mas temos que dar um jeito de descobrir quem é ela.

Perplexo, Boges arrancou o telefone de minha mão.

– Como você tirou essa foto?

– Através de uma janela aberta. Eu estava em cima de uma árvore nessa hora. Tentei dar o máximo de zoom, mas, sabe como é, esse celular não é grande coisa. Enfim – eu disse impaciente –, quem é ela? Você a conhece?

– Essa gata estava na TV ontem à noite. Tenho certeza.

– Então quem é ela? – eu perguntei, esperando descobrir como eu a reconhecia sem jamais tê-la visto.

– Você estava em cima de uma árvore, tirando fotos dessa mulher por uma janela enquanto eu estava vendo exatamente a mesma pessoa na TV? Cara, que coisa estranha!

TV? A enrolação de Boges estava começando a me irritar e estava prestes a dizer isso a ele quando ele finalmente, continuou:

– Essa mulher é ninguém menos que a "ruivíssima Oriana de la Force, principal advogada criminal da cidade", como o jornalista a descreveu...

Advogada criminal?

– É *essa* a mulher que você acha que o sequestrou?

– Você sabe mesmo quem é ela?

Ele revirou os olhos.

– Tenho 99% de certeza de que é a mesma mulher. Eu estava

assistindo a esse programa ontem à noite e o jornalista disse que Oriana, esta mulher – ele falou isso quase enfiando a imagem dela em minha cara –, é famosa por defender clientes difíceis e perigosos.

Eu devo ter reconhecido sua voz peculiar, pois era possível que já a tivesse ouvido em algum programa!

– *Ela* é difícil e perigosa – eu disse, quase rindo, pensando em como ela me empurrara e gritara comigo na noite em que fui sequestrado.

– Eu assisti ontem à noite um programa de atualidades – Boges continuou. – Mas, enfim, não foi a primeira vez que ouvi falar dela. Cal, todo mundo que se interessa pelo que acontece no mundo, ou pelo menos na cidade, sabe quem ela é.

Era verdade que eu não me importava muito com os noticiários, apesar de que, agora que eu estava em fuga, a situação havia mudado. Ao me tornar notícia e figurar em manchetes, acabei sendo obrigado a me interessar por elas.

– Se você fosse cometer um crime dos grandes, ser um advogado criminal sem dúvida seria uma grande vantagem, certo?

– Acho que não seria a primeira vez que um advogado *criminal* deu novo sentido ao título – acrescentei.

– Exatamente, e um advogado criminal saberia todas as armadilhas, e Oriana saberia melhor do que ninguém como evitá- -las. Então, ou ela viu sua foto no jornal e quis adotar um adorável adolescente como você...

Eu o fuzilei com os olhos.

– Ou – ele continuou – ela mesma, ou um cliente dela, também está atrás do Segredo Ormond. O PMO!

Oriana de la Force havia deixado bem claro que tinha algum conhecimento sobre a fortuna sugerida por meu pai em sua carta para mim. Gente demais sabia disso. Será que ele falou demais ao expor seu trabalho na conferência? O perigoso mistério dos Ormond... Como, diabos, eu iria competir com uma brilhante advogada como Oriana, uma advogada que seria capaz de empurrar um garoto penhasco abaixo com a maior facilidade? E como eu podia continuar vivo com um criminoso feito Sligo, com toda sua fortuna e conexões no submundo, querendo minha cabeça? Eu era só um garoto como outro qualquer! Bem, talvez eu não fosse mais um garoto comum, mas como *eu* iria vencer essas pessoas? Felizmente, pelo menos Oriana considerou melhor me deixar vivo. Mas por quanto tempo?

– Sabe – Boges disse –, eu nunca ouvi falar de alguém que estivesse sendo perseguido por tanta gente: a polícia, o cafajeste rei do submundo, uma famosa advogada criminal. E, eu sei que você odeia ouvir isto, mas sua própria família acha que você é algum tipo de monstro. A coisa está feia.

Eu conferi as horas no celular e, ao levantar o olhar vi os olhos de Boges se arregalando na cara enorme.

– Não se mexa – ele sussurrou entre dentes. – Nem pense em se virar.

Sem mover os lábios, Boges murmurou:

– Seu tio e outro cara estão sentados na mesa atrás de você. Faça qualquer coisa, menos se virar.

Rafe? Em pânico, tentei pensar em um jeito de escapar da situação. Se Rafe me visse, seria o meu fim. Todos os meus instintos me mandavam correr. Curvei-me, tentando diminuir de tamanho.

Boges também se curvou, levando a mão à cabeça, como se estivesse pensando profundamente. Se Rafe o visse, eu seria o próximo. Eu escorreguei ainda mais na cadeira.

Os dois homens atrás de mim estavam profundamente concentrados na conversa.

– Eu já pensei no assunto o suficiente – ouvi a voz de meu tio atrás de mim, pouco mais alta do que um sussurro. – Ela vai se sentir mais segura do que se sentiria com a casa ainda em meu nome.

– Você já pensou nas implicações disso? – perguntou o outro homem. – Como vai proteger os próprios interesses?

– Estou pensando nos interesses de Win.

Nos interesses de Win. Era de minha mãe que ele estava falando!

– Saber que a casa está em seu nome tiraria um peso enorme dos ombros dela. Ela já tem uma filha na UTI e um filho... bem, aquele garoto não tem sido fácil, por isso quanto menos se falar nele, melhor. Ela está em péssimas condições. Estou disposto a qualquer coisa para ajudá-la.

— Mas passar a casa para o nome dela — criticou o outro — é generosidade demais. Você está se esquecendo de seus interesses, de sua segurança.

— Olhe, não posso esperar que você entenda. Ela é esposa de meu irmão, esposa de *Tom*, estamos falando de família. Eles são tudo o que tenho. São minha única preocupação. Sinto que tenho que fazer isso.

— Estou vendo que você já está decidido, Rafe. Muito bem. Vá a meu escritório amanhã e trataremos da documentação.

— Eu sei que Tom teria feito o mesmo por mim. Quer dizer, se eu estivesse em situação semelhante.

Houve uma pausa.

— Este café está intragável — ele acrescentou.

Pouco depois, ouvi as cadeiras dos dois raspando o chão, eles se levantaram e foram embora.

Eu expirei profundamente. Não ousara respirar durante a conversa. Minha mente estava dando voltas. Rafe estava decidido a passar a mansão dele para o nome de minha mãe? Senti uma súbita mistura de gratidão e culpa.

— Essa foi bem por pouco! Você ouviu aquilo tudo? — eu perguntei a Boges quando consegui voltar a falar.

Ele fez que sim.

— Viu? Você estava pegando pesado demais com ele, cara. O coração dele está no lugar certo. Ele só tem um jeito bem estranho de demonstrar isso.

— Você tinha razão — eu disse ainda perplexo e chocado.

Boges, sentado à minha frente, coçava a cabeça como quem tenta ajustar as peças de um quebra-cabeças. Ele olhou para mim, esperando que eu dissesse algo.

— Acho — ele continuou quando ficou claro que eu não diria nada

– que ele está tentando segurar as pontas, resolver tudo sozinho.

"Assim como eu", pensei.

Canal de escoamento de águas pluviais

16h46min

Não havia ninguém por perto quando eu entrei pela cerca perto do pátio ferroviário e comecei a fazer o caminho de volta ao bueiro pluvial. Os grilos paravam de criquilar quando eu passava por eles na grama alta.

Minha mente ainda estava tonta por ter visto Rafe. Estava confuso e com uma sensação ruim. Parecia que toda a culpa que eu sentia por ter julgado meu tio tinha se tranformado em um nó no estômago.

Desci correndo pelo canal inclinado. Decidi que dormiria lá por mais algumas noites e depois voltaria à casa da St John para averiguar a situação.

18 DE FEVEREIRO
Faltam 317 dias...

10h32min

    Sentei-me na cavidade do canal de drenagem com os desenhos espalhados em minha volta para analisá-los com a luz da lanterna. Eu estava tentando decifrar o que poderia representar aquela esfinge metade mulher, metade leoa. Será que meu pai estaria tentando me alertar sobre a misteriosa mulher que ele mencionou em sua carta? A cruel interrogadora Oriana de la Force?

    Os sons da cidade ecoaram pelo bueiro, e minha mente começou a reviver o momento em que me deparara com meu sósia olhando para mim. Será que ele vira alguma coisa em mim que o assustara? Talvez ele também soubesse que ver uma pessoa idêntica é mau presságio.

19 DE FEVEREIRO
Faltam 316 dias...

Enseada Kendall

8h7min

Arrisquei-me a dar um mergulho em uma enseada rochosa não muito longe de Dolphin Point, um local onde as pessoas raramente nadam por causa das correntes geralmente fortes. Quando eu dei o primeiro mergulho na água, estava tudo bem calmo. Era muito bom e refrescante estar debaixo da água e livre, mas eu também senti que o oceano estava ficando mais brabo a cada minuto.

O dia estava de lascar de tão quente e, enquanto eu boiava olhando para o céu, vi a sudeste nuvens cinzentas em forma de couve-flor se formando. Era hora de ir embora.

Eu subi pelos rochedos e corri para pegar minha mochila, protegida em um buraco na rocha bem acima da marca da maré.

Saí às pressas, ciente de que precisava voltar ao canal para pegar minhas coisas antes que caísse o temporal.

Assim que os primeiros pingos grossos começaram a atingir o asfalto, eu cheguei ao túnel. As estradas chiavam e o vapor subia como fantasmas. Seria um daqueles temporais que despejam 30 milímetros de água na cidade em meia hora...

FEVEREIRO

Canal de escoamento de águas pluviais

10h53min

Escalei a parede para entrar na alcova e peguei a pasta de plástico com os desenhos de meu pai. Enfiei meu saco de dormir na mochila e pensei na melhor maneira de guardar os desenhos. Eu estava ponderando se deveria prendê-los com uma corda elástica na parte externa da mochila quando ouvi vozes ecoando pela vala.

Peguei minha lanterna, pulei para baixo e saí de meu esconderijo com a mochila e os desenhos em uma das mãos e a lanterna na outra.

Agora as vozes estavam altas e percebi nelas uma rispidez, um tom pesado confirmando-me que só podia representar encrenca. Um homem, especificamente, tinha uma risada muito estranha. Eu hesitei, imaginando se seria melhor tentar sair pela vala principal e dar de cara com eles ou descer um dos túneis menores para evitá-los.

Tarde demais. Três homens surgiram na vala principal e entraram na pequena área que havia antes da bifurcação dos outros dois canais. Eles pareciam surpresos em me ver. A surpresa logo virou agressividade.

– O que você está fazendo aqui? – perguntou o líder, um cara alto de cabelos pretos escovados para trás, com uma cicatriz atravessando a sobrancelha esquerda e um sorriso que parecia desenhado em seus lábios finos.

– É isso aí, as valas são nossas, quem *você* pensa que é? – os outros dois reverberaram ao lado do líder escovadinho. Geralmente quem comandava os bueiros eram os ratos, mas achei que não seria boa ideia dizer isso.

Os outros dois caras eram menores do que o primeiro. O mais baixo e corpulento estava usando roupa do tipo militar, enquanto o outro tinha a cabeça raspada e usava uma camiseta listrada, parecia uma espécie de pirata urbano. Eles ficaram lá, olhando-me de cara feia, enquanto minha mente girava freneticamente, tentando imaginar o que fazer.

Eu já conhecia aquela situação muito bem. Já havia passado por isso várias vezes no pátio da escola. Uma gangue de caras querendo briga. Uma briga que eles não poderiam perder: três contra um.

– O que tem nessa bolsa? – indagou Cicatriz, dando o bote para cima da minha mochila.

Dei um salto para trás na hora e escapei.

– E o que tem nessa pasta? Mostre!

Eu já conhecia esse jogo também. Se eu não desse o que eles queriam, eles pulariam em cima de mim para pegar de qualquer jeito. Se eu desse o que eles queriam, eles também viriam para cima de mim. Nem sempre se consegue ser razoável com valentões, meu pai me disse certa vez.

– Dê isso aqui! – berrou Cicatriz.

– Nem pensar – eu disse, dando um passo para trás, tentando manter a distância entre mim e eles para ter mais espaço para me mexer.

– É melhor dar – disse o careca, dando um passo em minha direção.

– Por que você não vem pegar? – eu disse, procurando ganhar tempo, a cabeça tentando furiosamente pensar em uma estratégia.

Eu precisava enfrentar o líder primeiro. Se eu o derrotasse rápido, os outros dois não seriam tão difíceis de resolver. Ouvi a voz de meu pai me dizendo "fique de olho nas mãos deles, assim verá o soco antes que ele atinja o alvo".

– Vamos – eu provoquei –, se vocês querem tanto assim, venham pegar!

Encarei Cicatriz, mantendo as mãos dele em minha visão periférica. Não estava me sentindo nada perto da bravura que demonstrava, mas não entregaria minha mochila para aqueles babacas de modo algum.

Pelo jeito, os três se surpreenderam com minha atitude, Cicatriz ficou com a cara e o pescoço vermelhos e foi logo fechando os punhos. Preparei-me, os músculos ganhando uma injeção de adrenalina.

Ele veio para cima de mim e, antes que ele soubesse o que o atingira, virei-me e dei uma cabeçada no estômago dele como se fosse um aríete. Ele gemeu, cambaleou e caiu para trás no chão.

Eu segui em frente, desviando dos braços e pernas dele que se debatiam na tentativa de recuperar o equilíbrio e o fôlego. Mas eu já tinha disparado, deixando todos para trás, correndo na direção da intersecção.

Atirei-me na bifurcação da esquerda.

Os xingamentos de Cicatriz e as ameaças dos outros soavam como trovões pelas valas.

Essa vala era menor e mais íngreme do que a principal. À medida que eu corria, os passos furiosos dos três soavam mais altos ainda.

– Vamos! Cachorrão! Freddy! Peguem esse pirralho! – Cicatriz gritou para os outros dois.

Eu não imaginava para onde estava indo. Eles estavam se aproximando, porém ouvi outro som, algo que não consegui identificar. Não era o barulho distante dos trens, era outra coisa.

Continuei correndo. Eu estava passando por entradas escuras que davam para valas bem mais estreitas à direita e à esquerda, no entanto eram muito pequenas para subir por elas. A água estava começando a brotar por essas pequenas valas e descendo pelo canal no qual eu estava correndo. Eu sabia que debaixo de uma cidade do tamanho da minha havia quilômetros de valas, mas não tinha me dado conta do tamanho desse submundo.

Em pouco tempo, eu estava com água pelo tornozelo. Mas, ainda assim, os passos atrás de mim persistiram.

O ruído estava ficando cada vez mais alto e de repente entendi o que era. Era o acúmulo do som de dezenas de valas debaixo do crescente volume de água que brotava pelas canaletas da cidade! Canais menores estavam esvaziando seus conteúdos em canais maiores; os canais maiores, por sua vez, lançavam cascatas de água no enorme sistema de bueiros.

A água estava agora alcançando as panturrilhas e estava ficando mais difícil correr. Os caras atrás de mim também estavam tendo mais dificuldade.

Eu estava começando a me preocupar. *Desistam, palhaços!* Preciso sair desta vala. Lembrei-me de meu pai dizendo que quando a água atinge a altura dos joelhos a correnteza fica bem mais perigosa.

A vala estava ficando mais íngreme, em direção a sei lá onde.

Até o nadador mais forte acharia difícil enfrentar aquele fluxo que combinava toneladas de litros de água com descidas íngremes pelas estradas, trilhas e rodovias da cidade. Estava me esforçando para manter o controle. O som da água correndo ecoou fortemente pela vala e eu não soube mais dizer se ainda estava sendo perseguido. Só conseguia ouvir o rugido da água subindo.

Agora eu estava encrencado de verdade, pois fora apanhado pelo poderoso fluxo de água. Fui derrubado e fiz de tudo para segurar acima da cabeça a pasta com os desenhos de meu pai e a lanterna, para que a água não os alcançasse. Quando uma súbita e enorme onda me atingiu, perdi o equilíbrio completamente e tanto a lanterna quanto a pasta escorregaram das mãos.

A lanterna caiu na água e se apagou no mesmo instante, deixando-me em completa escuridão. Eu gritei e me debati nas águas pluviais cujo nível subia cada vez mais e me carregavam como se eu estivesse pegando onda de jacaré. Estiquei os braços e os dedos às cegas, tentando desesperadamente achar a pasta de plástico. Eu só estava pensando nos desenhos.

A correnteza estava me empurrando mais rápido do que eu jamais conseguiria nadar. Ela batia sobre mim e me jogava contra as paredes. Eu não fazia ideia de onde estavam os desenhos. Estava berrando no escuro, sendo empurrado de um lado para outro, gritando por socorro, apesar de não haver ninguém me ouvindo.

Tive a impressão de ver uma luz azulada adiante.

A luz foi ficando mais forte. Conseguia ver uma entrada gradeada acima da fenda para o oceano. Os desenhos estavam perdidos. Deviam estar em algum ponto da costa, indo para o fundo do mar. E eu poderia estar seguindo o mesmo rumo a qualquer momento.

Fui arrastado cada vez mais rápido pela força da água em direção às grades e ao oceano. Mas então eu vi algo em que mal pude acreditar. Em frente à grade, havia uma espécie de tela que juntava plásticos e lixos. E presa bem no meio dela estava a pasta! Projetei-me na direção da grade e peguei a pasta. A tela se soltou com o impacto de meu corpo e caiu no tempestuoso oceano abaixo. Segurei-me nas laterais da grade com uma das mãos – com a outra segurava a pasta – enquanto o fluxo de água tentava me levar junto.

Eu fiquei lá por um bom tempo, mal conseguindo manter a cabeça fora da água e já estava com os dedos brancos e enrugados, mas não soltei nem a grade nem a pasta.

Depois do que me pareceu uma eternidade, a água começou a diminuir. Finalmente o nível da água caiu completamente e pus os pés de novo em chão firme.

13h50min

Estava tudo ensopado. O trio de marginais tinha sumido fazia tempo. Eu saí da vala e estava caminhando incógnito debaixo da chuva – eu era apenas outro pedestre ensopado e pingando.

Liguei para Boges de um telefone público e ele veio correndo me ajudar... outra vez. Não sei como, mas ele conseguiu consertar meu celular e minha lanterna e me deu roupas secas e uma bolsa à prova de água para guardar as coisas com mais segurança.

Depois de dez minutos, ele teve de ir embora de novo. Ah, se eu pudesse ir com ele.

17h33min

A alcova na vala havia sido inundada. A parte em que eu dormia estava cheia de poças de água – sem dúvida ficara submersa. Eu tentei enxugar o chão com minhas roupas molhadas para poder descansar um pouco, porém sabia que não poderia ficar muito tempo sem correr o risco de me dar mal.

Acalmei-me e tentei dormir. Meu corpo e minha mente ainda remoíam lembranças do trio de marginais que eu havia encarado e o temporal que inundou tudo. Eu detestava brigar.

Na época do 1º ano da escola houve um dia em que Boges e eu, sentados em bancos debaixo das árvores, íamos começar a almoçar quando dois grandões, Kyle Stubbs e Noah Smith, se aproximaram.

– Que porcaria é essa que você está comendo, ô esquisito? – Kyle disse, apontando para a lancheira de Boges.

– Diga aí, esquisito – repetiu Noah.

A sra. Michalko havia preparado bolinhos fritos de batata. Colocara um pouco mais porque sabia que eu gostava também.

Aos 6 anos de idade, Boges já tinha um pensamento lógico e era bastante racional.

– O nome da comida é *piroshki*, e esquisito é você, não eu.

Kyle deu um chute na lancheira de Boges, lançando bolinhos de batata por toda parte.

Eles rolaram e ficaram cheios de grama e terra.

– Por que você fez isso? – perguntou Boges. – O que vou almoçar agora?

– Oh, buááááááá – zombou Noah.

Eu olhei para os lados procurando uma professora, mas não tinha ninguém por perto.

Kyle chutou alguns dos *piroshki* no chão.

– Você ainda pode comer – ele disse com um sorriso irônico.

Ele pegou alguns bolinhos de batata sujos com as mãos encardidas.

– Vamos, abra a boca!

Noah agarrou Boges e tentou forçá-lo a abrir a boca. Boges se debateu, quase caindo do banco. Eu não sabia o que fazer, era muito menor do que aqueles caras. Mas, quando vi Kyle tentando enfiar o bolinho sujo de terra na boca de Boges, um fogo se acendeu em meu corpo. Com toda minha força, voei do banco em que estava sentado e comecei a socar Kyle Stubbs. Eu era pequeno e Kyle era enorme. Mesmo assim, ele saiu correndo e ainda por cima derrubou Noah, que estava no seu caminho.

– Vamos, Boges! – eu gritei, virando e puxando meu amigo para levantá-lo.

Enquanto Kyle e Noah tentavam se levantar, passamos correndo por eles, chutando terra em suas caras.

Eles jamais voltaram a nos perturbar.

20 DE FEVEREIRO
Faltam 315 dias...

10h31min

— Por favor, posso falar com Eric Blair? – eu perguntei.

Finalmente decidi ligar para o trabalho de meu pai para saber se Eric sabia de alguma coisa.

— Desculpe – respondeu a mulher do outro lado da linha. – Eric Blair está de licença médica. Ele... ele não está bem. Posso anotar seu recado, mas infelizmente não sei ao certo quando ele estará de volta ao trabalho.

— Tudo bem, eu ligo outra hora – eu disse e desliguei.

Logo em seguida meu celular tocou, pegando-me de surpresa.

— Alô?

— Por que você não me ligou?

— Winter?

— Quem mais seria? Qual é? Por que o silêncio?

— O quê? Eu venho tentando ligar para você; tentei várias vezes. Faz duas semanas que seu celular está desligado!

Dei-me conta de como devia estar soando desesperado e baixei a voz.

— Tanto faz.

— Às vezes é difícil me achar. Existem coisas que preciso fazer. Então, você quer ver aquele anjo ou não quer?

Swann Street

23h29min

Enquanto esperava Winter perto da entrada da estação da Swann Street, vi um quadro de avisos da comunidade repleto de anúncios de serviços de meio expediente, gente alugando quartos e vendendo laptops, carros e móveis. Ao me afastar para ficar escondido nas sombras, vi pichado "fora maluco" ao lado de um pôster de "procura-se" que tinha uma das pontas enroladas. No cartaz estava estampada a cara que costumava ser minha.

PROCURADO
CALLUM ORMOND

Você viu este jovem?

DESCRIÇÃO

Idade: 15 anos
Altura: 1,78m
Peso: 75 kg
Cabelos: Louros
Olhos: Verde-azulados
Porte físico: mediano

Se você tiver qualquer informação sobre o paradeiro desta pessoa, por favor, entre em contato imediatamente com a Unidade #5 da Força Policial.

CUIDADO
Não se aproxime. Suspeito pode estar armado e é perigoso.

Todo mundo pelo jeito queria um pedaço de mim.

Apalpei minha mochila, para ter certeza de que os desenhos estavam bem guardados. Eu havia enfiado a pasta no reforço de plástico da mochila e alguém só seria capaz de encontrar os desenhos se procurasse muito.

23h35min

Avistei Winter antes que ela me visse. As luzes dos faróis dos carros atrás de Winter iluminavam sua roupa esvoaçante, fazendo com que ela parecesse um ser do mundo dos espíritos. À medida que ela se aproximava, pude ouvir o som fraco de sininhos de prata que contornavam a parte inferior de sua longa saia branca.

Para minha surpresa, ela passou por mim direto.

– Você quer ver o anjo, não quer? – ela disse, virando-se com a sobrancelha levantada.

Eu olhei bem dentro de seus olhos escuros e amendoados e ela me deu um de seus sorrisos indiferentes.

– Eu podia ter esperado até amanhã – eu disse –, mas você insistiu que fosse hoje.

– Isso mesmo. Amanhã não posso.

– Escola? – eu perguntei.

Ela fez que não com a cabeça.

– Eu não vou à escola. Estudo em casa. Mesmo assim tinha que ser hoje. A Lua está cheia. Preciso disso.

– Está querendo virar lobisomem? – eu brinquei.

– Você vai ver. Então, vamos!

Apesar de estar brincando quanto ao lobisomem, fui percebendo no caminho que não tinha a menor ideia de qual era a dela. Só consegui pensar nas palavras de alerta de Boges: "fazendo jogo duplo."

FEVEREIRO

23h48min

Precisei apertar o passo para acompanhar Winter enquanto ela me guiava pelas ruas da cidade. Seus cabelos rebeldes esvoaçavam atrás dela. Ela caminhava como se estivesse no comando do mundo.

Só percebi que estávamos na rua que levava ao Parque Memorial quando chegamos à base de um morro. O parque onde haviam me sequestrado.

– Aonde estamos indo? – eu perguntei.

– Você vai ver.

– Sou o tipo do cara que gosta de saber para onde está indo.

– Agora é?

Ela parou.

– Achei que você quisesse ver o anjo.

– E quero. Só que antes quero saber onde ele está.

– Olhe, se você parar com as perguntas chegaremos logo.

Parque Memorial

23h52min

Na última vez em que eu estive nesse lugar, acabei no porta-malas de um carro e depois trancado em um depósito. Eu recuei.

– Vamos *logo*!

Winter agarrou meu braço.

– Não vá me dizer que está com medo!

– Claro que não – menti.

– Então vamos. Já estamos quase lá.

Ela seguiu apressada sob a luz da Lua, os sininhos de prata em sua saia tilintavam. Eu tentei manter a calma e ao mesmo tempo ficar alerta.

11h59min

Continuei de olho nos arredores, conferindo cada movimento nas sombras. Nesse lugar escuro e isolado, qualquer um poderia nos atacar – ou me atacar. Só de pensar nisso, meu coração disparava e o estômago dava um nó, dificultando minha concentração. Eu estava ligado, pronto para qualquer coisa. Pronto para correr feito doido ou lutar pela vida.

Nós paramos nos primeiros degraus, que eram amplos em frente ao cenotáfio. Eu nunca havia entrado tanto assim no parque.

– Às vezes os sem-teto dormem aqui dentro – Winter disse, abrindo os portões enferrujados que um dia isolaram a área central do memorial.

Pelo jeito fazia um tempão que a tranca estava lascada.

Pouco antes de entrar, ela se virou e exibiu o relógio no pulso.

– Está vendo? – ela zombou. – Já é quase meia-noite, a Lua está cheia e eu não me transformei em lobisomem.

Ela riu e mostrou os dentes.

– Ainda não, em todo caso.

Nós seguimos caminhando sobre o lixo e folhas esparramados e eu tentei relaxar quando ela segurou minha mão e me conduziu adiante, para o interior enluarado do cenotáfio.

21 DE FEVEREIRO
Faltam 314 dias...

Cenotáfio
Parque Memorial

00h1min

    Eu estava no meio de um espaço amplo e circular com piso ornamentado com mosaicos. À minha frente havia uma imagem esculpida em um pedestal alto de pedra – o tipo de estátua que se vê em sepulturas e memoriais. Era quase como estar de volta ao Cemitério Crookwood, quando Boges e eu estávamos procurando o mausoléu Ormond à meia-noite.

    A noite de verão estava quente, mas agora estava soprando um vento frio que levantava as folhas velhas, fazendo-as girar de forma sinistra em um pequeno redemoinho. Eu senti um arrepio e levantei os olhos, deparando-me com uma estátua fantasmagórica.

– Isso não é anjo, é só um soldado!

    Fiquei com mais medo ainda. Era uma armadilha. Eu a seguira voluntariamente para este lugar macabro e agora qualquer um podia me pegar ou pegar os desenhos.

    Eu estava prestes a descer os degraus correndo quando ela me chamou.

– Aonde você está indo? Olhe para cima!

Ela estendeu os braços e olhou para o céu.
– Lá está seu anjo!

Eu hesitei por um momento, mas acabei fazendo o que ela disse. Olhei por cima da cabeça da estátua e logo avistei a imagem no vitral no alto do cenotáfio. Eu arfei. Lá estava, iluminada pelo luar que penetrava pelos vidros coloridos, a imagem de um anjo *exatamente igual ao que meu pai havia desenhado*! Com a máscara de gás pendurada no pescoço e o capacete de metal na cabeça. As asas parcialmente fechadas, erguendo-se acima dele.

Estava perplexo. Eu havia encontrado o anjo.

Perdi a noção de quanto tempo fiquei olhando para ele. Só quando baixei os olhos e li o que estava escrito embaixo da imagem, dei-me conta do porquê de meu pai desenhar o tal anjo duas vezes: a primeira na carta que me mandara da Irlanda, depois na cama do hospital.

> CONSAGRADO À MEMÓRIA DE
> PIERS ORMOND
> MORTO EM FLANDERS, 1918

– Ormond – eu disse, enfim. – É meu sobrenome.
Virei-me para a garota a meu lado.
– Eu sei disso. E mesmo assim você não sabia deste memorial?
– Eu não fazia a menor ideia – disse, apontando para o vitral.
– Há muito tempo, meu pai contou que um parente nosso havia

morrido na Primeira Guerra, mas, na época, aquilo não significou muito para mim. Acho que ele deve ter descoberto alguma coisa sobre esse parente quando estava na Irlanda e... – segurei-me a tempo, estava quase contando a ela sobre a última carta que meu pai me escrevera da Irlanda, na qual começava a explicar a enorme descoberta que ele estava prestes a revelar.

– E?

Ela franziu a testa ciente de que eu me contivera por alguma razão.

– Não é um nome dos mais comuns – ela disse. – Ele podia ser parente seu.

O que isso significava? Por que meu pai desenhara Piers Ormond? Como Winter sabia disso? Minha empolgação logo se transformou em desconfiança.

– E como é que você ficou sabendo desse anjo? Onde você soube dele? Sligo lhe disse?

– Sligo? – Winter repetiu. – Por que você pensaria nisso? *Ele* não sabe disso. *Ele* nunca esteve aqui.

Ela fez um gesto indicando o anjo.

– É para cá que eu venho para me *afastar* de gente como Sligo. Pare de se preocupar, Cal. O segredo de seu anjo não corre perigo comigo.

– Como assim, *segredo*? Por que você está dizendo isso? Por que acha que existe algum segredo relacionado ao anjo?

Sob o luar eu a vi revirar os olhos.

– Ah, cara. É fácil para você ser tapado ou você tem que se esforçar muito? É claro que existe um segredo relacionado ao anjo! Por que outro motivo você estaria tão desesperado para descobrir mais coisas sobre ele? Por que você ficaria carregando desenhos desse mesmo anjo para toda parte? Por que Sligo estaria atrás de uma coisa chamada Singularidade *Ormond*? Claro que existe um segredo! Você só pode achar que eu sou *idiota*! É isso?

Ela tinha razão. Não precisaria ser gênio para concluir o mesmo.

– Acho que você é um monte de coisas – eu disse, enfim, querendo dizer que ela era bonita, estranha, dissimulada, misteriosa... e totalmente irritante –, mas *idiota* não seria uma delas.

Ela me olhou de modo intenso. Agora *ela* estava desconfiada, sem saber se minha resposta significava elogio ou insulto. Após uma pausa, voltou a falar.

– Conheço esse anjo quase desde que me conheço por gente. Eu costumava vir aqui quando era pequena. Quando estávamos morando em Dolphin Point. E depois do acidente voltei várias vezes aqui.

– O acidente – perguntei – no qual você perdeu seus pais?

Ela não me respondeu. Eu sabia que os pais dela haviam morrido em um acidente, mas o que exatamente havia acontecido? Provavelmente ainda era muito cedo para ela me revelar isso, se é que um dia revelaria.

Ela se virou para encarar o anjo de novo.

– É, eu costumava vir aqui o tempo todo. Era meu cantinho especial. Aqui dentro fica fresco quando o tempo está quente e durante o dia geralmente não tem ninguém. Ainda gosto de vir para cá de vez em quando, especialmente quando estou triste.

Se eu não tivesse visto tristeza em seu rosto antes, quando ela me mostrou as fotografias dos pais no medalhão, teria dito que Winter Frey era fria demais para ficar triste.

Fria demais e durona demais.

Comecei a sentir que talvez pudesse confiar nela. Será que ela estava dizendo a verdade? Eu não tinha como saber. Afastei da mente os alertas de Boges e tentei curtir o momento. Esse anjo finalmente ligara o nome Ormond aos dois desenhos de meu pai e ao Enigma Ormond. Aquele vitral com informação sobre Piers Ormond era uma enorme peça do quebra-cabeça que Boges e eu estávamos tentando montar. Saquei meu celular, tirei uma foto da estátua e a mandei para Boges.

De repente escureceu. Uma nuvem devia ter escondido a Lua. Virei-me para agradecer a Winter por ter me mostrado o anjo. Mas ela não estava mais lá. Enquanto eu fotografava o anjo e mandava a foto para Boges, ela havia sumido.

Só pude torcer para que ela não estivesse correndo direto para Sligo.

00h34min

A Liberty Square estava silenciosa agora. Ainda tinha algumas pessoas nas ruas. Eu estava caminhando rápido, o rosto quase coberto pelo capuz e pela gola do casaco. Queria voltar à St Johns Street para checar a casa abandonada. Não podia voltar a dormir na vala. Não nesta noite.

Esconderijo
38 St Johns Street

1h30min

Arrastei-me por baixo da casa, mas parei ao ouvir vozes e alguém se movimentando.

Subi até a varanda e andei na lateral da casa para espiar por uma fenda na janela vedada com pedaços de madeira.

Três pessoas estavam bebendo sentadas no chão, o chão no qual eu passara tantas noites difíceis. Dois homens com roupas surradas e uma mulher mais jovem de rosto esquelético e cabelos pegajosos estavam sentados em minhas cadeiras, à minha mesa. Era uma noite quente, porém a mulher usava luvas pretas compridas e estava com uma manta velha de lã sobre os ombros. Eles haviam se servido da minha comida – havia latas vazias em todos os cantos. Eu não ousei interferir. Não queria arrumar encrenca. Mas realmente estava com muita fome e, quando contei os trocados, dei-me conta de que não restara quase nada do dinheiro que Boges me dera da última vez.

Eu tinha de arrumar outro lugar para dormir.

2h1min

Eu continuei caminhando cabisbaixo e passei por um grupo animado que estava comendo em um daqueles aconchegantes bistrôs que ficam abertos vinte e quatro horas. Eu estava morrendo de fome e imaginei como eles reagiriam se eu caminhasse até a mesa deles, me sentasse e começasse a balançar a cabeça e rir com eles enquanto me servia de batatas fritas quentinhas.

Tive a certeza de que não seria uma boa ideia.

E como o garçom reagiria se eu me sentasse à mesa ao lado deles e começasse a ler o menu?

Sabia que isto também não seria nada bom. O problema não era só a falta de dinheiro. Eu estava um trapo. Precisava de um banho urgentemente, as roupas estavam sujas, eu sabia que devia estar fedendo. Lembrei-me de ter lido algo sobre os vikings: quando algum deles fazia algo de muito ruim, sua testa era marcada com ferro quente em forma de cabeça de lobo e ele era declarado um fora da lei – banido da comunidade humana. Ninguém tinha permissão para lhe dar abrigo ou comida, basicamente não podiam fazer nada com ele. Minhas roupas encardidas e o cabelo e a cara sujos eram minha marca do lobo.

2h32min

De volta ao pátio ferroviário, encolhi-me dentro de um galpão cujas laterais estavam abertas e tentei não pensar no fato de estar exposto na escuridão, sem defesa alguma, e também em meu estômago que roncava, e procurei focar na nova pista do anjo.

3h13min

Estava chovendo. Puxei umas chapas de ferro enferrujado e as apoiei nas pilastras do galpão. Elas me protegeram parcialmente da chuva forte. Fechei bem o saco de dormir e tentei me manter seco. O barulho dos trens debaixo de chuva e vento me fez continuar acordado por bastante tempo, até que eu finalmente adormeci cansado demais para me importar com alguma coisa.

5h59min

Sentei-me dolorido por deitar no chão duro. O pesadelo recorrente me despertara com um susto outra vez. O cachorro branco de brinquedo, a criança berrando e o peso esmagador da desolação... Por que isso me atormentava?

Meu saco de dormir estava ensopado. O ombro direito ainda estava doendo e inchado, não estava melhorando. Torci para que não estivesse infeccionado.

Levantei-me e enrolei o saco de dormir que deixei escondido no canto do galpão. Eu só havia conseguido dormir umas duas horas, mas tinha que seguir em frente.

6h23min

O céu estava se iluminando e já havia algumas pessoas passando pelas ruas. Caminhei uma longa distância do pátio ferroviário e me vi em uma ruazinha estreita onde um lojista descarregava frutas e legumes da traseira de uma van. Ele entrou na loja empurrando um carrinho habilidosamente, girando-o com o pé, e deixou uma caixa de uvas na calçada.

Quando eu estava no 1º ano da escola, furtei o apontador em forma de avião de Tommy Garibaldi quando ele não estava olhando. Ele era o tipo de garoto que sempre ia para a escola com as novidades mais legais e que todo mundo queria. Antes de pegar o apontador, achei que ele não sentiria falta e não me importei, mas me senti tão mal por ter feito aquilo que voltei para a sala de aula durante o recreio e enfiei o apontador de novo no estojo dele. Desde então nunca mais roubei nada de ninguém. Mas dessa vez eu não pensei duas vezes. Peguei a caixa de uvas e saí correndo.

Só parei de correr quando cheguei a um pequeno parque. Papagaios faziam barulho no alto das árvores. Sentei-me perto de uma grande árvore, arranquei a tampa da caixa e ataquei as uvas. Eu as devorei feito um animal faminto e não demorou muito para eu me deitar na grama, estourando de tão cheio.

8h

Eu estava seriamente enrascado. Estava me contorcendo de cólicas. Talvez o cara tivesse deixado a caixa de uvas na rua de propósito.

"Bem feito por eu tê-las roubado", pensei.

Amaldiçoei o grupo de garotos ao longe esperando o ônibus da escola, brincando e conversando enquanto eu rolava de dor sozinho debaixo de uma árvore em um parque de um bairro qualquer, na mais absoluta agonia.

Como minha mãe se sentiria se soubesse que seu filho estava doente, jogado em um parque?

Depois de um tempo, a cólica passou. Arrastei-me mais para o interior do parque e adormeci embaixo de alguns arbustos, onde não seria visto.

11h48min

Acordei assustado. Algo roçou os arbustos perto de mim. Fiquei parado e ouvi com atenção antes de me virar para olhar.

– É, tem um homem lá.

– Shhh, ele está acordando.

– Vou acertá-lo com esta aqui. Olhe só! – disse outra voz.

Uma pedra voou por um vão nas árvores e atingiu minha nuca.

– Na mosca! Tome essa, vagabundo!

Ouvi estalos de "toca aqui" de comemoração. Lentamente virei a cabeça e vi três pares de sapatos escolares pequenos, pretos e brilhantes.

Fosse lá quem estivesse ali, eu estava furioso. Como eles podiam achar legal tratar a mim, outro ser humano, desse jeito? Levantei-me, surgindo do meio dos arbustos feito fera.

– GRRRRRRRR!

Eles saíram correndo e berrando no mesmo instante.

– Pode ser que um dia vocês fiquem assim! – eu berrei para eles.

Fiquei lá parado em estado de choque, balançando a cabeça, enquanto eles desapareciam rapidamente. Pensei de novo na marca do lobo. Muitas pessoas que andavam pela cidade estavam marcadas.

11h53min

Meu celular estava tocando em algum lugar no meio das pequenas árvores e eu saí me arrastando pelo chão para encontrá-lo.

– Alô? – eu disse sem reconhecer o número de telefone.

O sol estava bem forte e eu pingava de suor por causa do calor e da raiva. Fui para baixo da sombra.

– Estou falando com Callum Ormond? – perguntou uma mulher.

Jennifer Smith? A mulher misteriosa?

– Sim? – eu disse cautelosamente, olhando ao redor.

Do outro lado do parque, havia apenas uma garotinha no balanço com a mãe por perto.

– O que aconteceu com você naquela vez que deveríamos ter nos encontrado? Você disse que estaria lá.

Ela parecia estar mais preocupada do que irritada. Diante da reação da mulher, comecei a relaxar um pouco: eu tinha de ficar em estado de alerta, mas esta, com certeza, não era a voz de Oriana de la Force.

– Eu estava a caminho – eu disse – quando algo inesperado aconteceu.

Era verdade. Eu não sabia o que poderia dizer a ela. Eu realmente não sabia quem era essa mulher.

– Olhe – eu disse –, pensei que você tivesse armado para mim.

Como vou ter certeza de que posso confiar em você?

Eu a ouvi respirando do outro lado da linha. Torci para que ela não estivesse tentando arrumar a mentira certa para me dizer.

– Eu não sei o que posso lhe dizer, Cal. Eu só sei que seu pai tinha olhos grandes, calorosos e honestos, mesmo sofrendo daquela devastadora doença. Ele queria de verdade que eu o encontrasse. Peguei a foto que seu pai tinha na carteira e coloquei-a ao lado da cama dele; aquela foto de vocês dois perto do carro no campo de aviação, com seus sorrisos idênticos; segurei a mão dele e prometi que faria tudo o que pudesse para ajudar.

Eu sabia exatamente de que foto ela estava falando. Nós a tiramos na academia de cadetes da aeronáutica, não muito tempo antes de ele partir para a Irlanda.

– Então você quer me ver para quê? – eu perguntei. – Você viu os desenhos que meu pai fez enquanto estava no hospital?

– Vi – ela disse e eu acreditei nela. – Mas podemos falar disso quando nos encontrarmos.

– Ele chegou a dizer alguma coisa sobre uma tal de Singularidade Ormond?

– Creio que não. Ele estava muito doente quando veio para o hospital. Às vezes era muito difícil compreendê-lo.

– Você disse que tinha algo para mim – eu disse, retomando nossa discussão antiga. – O que é?

– Não quero falar sobre isso por telefone.

Eu senti o medo em sua voz.

– Cal, vou explicar tudo quando encontrar com você. Sei que é uma situação perigosa. Entendo que não é fácil para você, mas também não é fácil para mim.

– Então o que você tem em mente? – perguntei.

– Estou trabalhando no zoológico no momento e acho que provavelmente seria mais seguro tanto para mim quanto para você marcarmos lá o encontro. Poderei então responder todas as suas perguntas.

– Certo. Quando?

– Domingo, dia 28?

Teria de ser. Eu precisava esperar.

– Que horas? – perguntei impaciente para encontrá-la.

– Quatro e meia? É quando termino o expediente.

– Onde?

– Conhece o relógio de sol?

Eu conhecia. Era um famoso ponto de encontro no zoológico.

– Estarei lá – disse.

Ela desligou e eu guardei meu celular. Essa mulher *havia conhecido* meu pai; ela *havia visto* os desenhos. Pude sentir a esperança voltando. Talvez ela tivesse ajudado o dr. Edmundson a tomar conta dos pertences de meu pai. O que será que ela tinha para mim? Meu pulso começou a disparar de ansiedade.

A cada novo pedaço de informação o segredo de meu pai ficava um pouco mais próximo... Apesar da fraqueza por causa da cólica e da raiva que eu senti dos pirralhos que ficaram me atirando pedras, naquele momento senti que podia enfrentar qualquer coisa.

12h26min

Meu celular tocou e eu o agarrei na hora.

– Acabei de ver a foto daquele anjo! O Anjo Ormond! Agora temos uma ligação concreta com seu sobrenome – disse Boges. – Você tem que ir para o interior assim que puder e conversar com aquele seu tio-avô antes que ele decole para aterrissar no céu!

– É, você está certo. Apesar de que ele já deve ter decolado.

– Ainda não, meu camarada. Ele ainda está entre nós. Sua mãe falou dele na última vez em que a vi. Ela já entrou em contato com ele, achando que você tivesse aparecido por lá.

– Então ainda bem que não fui.

– Essa novidade do Anjo Ormond é demais mesmo. Entretanto... Sabia que ele estava pensando em dizer qualquer coisa sobre não confiar em Winter. Eu não queria ouvir isso. É, ela havia desaparecido de repente, mais uma vez, depois da grande revelação, mas eu não me importava. Boges não ficaria sabendo dessa parte.

– Então você já sabe de alguma coisa sobre esse tal de Piers? – Boges perguntou.

– Há muito tempo, meu pai falou de um parente dele, um tio-bisavô ou primo distante ou algo assim que morreu na Primeira Guerra. Só pode ser ele. Provavelmente você não vai conseguir ver a inscrição debaixo da janela na foto que lhe mandei, mas nela diz que ele foi morto em 1918.

Boges assobiou.

– Seu pai deve ter descoberto sobre o vitral quando estava na Irlanda. Mas, quando voltou, ele estava doente demais para se aprofundar no assunto ou explicar o que significava para o PMO.

– Então ele desenhou o anjo – eu falei pensando alto – e juntou o desenho à carta que me escreveu. Ele *disse* que explicaria o que era quando chegasse em casa. Provavelmente meu pai mal podia esperar para voltar e conferir o memorial, mas não teve oportunidade. Ele desenhou o anjo uma segunda vez... – eu disse.

– Porque é importante mesmo – Boges interrompeu. – Eu já lhe disse isso.

Percebi o entusiasmo na voz dele.

– Eu vou pesquisar esse tal de Piers Ormond. Se ele foi importante a ponto de ter um vitral dedicado a ele, deve ser importante o bastante para ter recebido algum tipo de menção em outro lugar.

– Boges – eu disse, mudando de assunto –, vou me encontrar com a mulher misteriosa no dia 28. A enfermeira que conheceu meu pai.

– Jennifer Smith; eu sei de quem você está falando. Como você consegue confiar nela depois da última vez? Você estava convencido de que ela havia armado para você. Ela prometeu que lhe entregaria algo, mas você acabou sequestrado.

– Eu sei que ela não é Oriana de la Force, se é nisso que está pensando. Ela falou sobre meu pai de um jeito que apenas uma pessoa honesta falaria. E, além disso, ontem à noite eu segui minha intuição e tudo deu certo; Winter Frey fez sua parte e agora você e eu sabemos de Piers Ormond.

– Desculpe, amigão, mas ainda acho que há algo errado com ela. Tome cuidado. Como podemos saber que ela não foi correndo falar com Sligo?

– Ela sabe do anjo desde que era pequena. E, até onde sabemos, ela não contou nada a ele sobre isso. Do contrário, ele teria reconhecido o anjo ao ver o desenho. Além do que – disse –, ela nem gosta de Sligo. Acho que ela não está interessada em ajudá-lo.

– É o que ela diz.

Visualizei Winter e seus olhos negros e intensos e no jeito que ela olhava para mim, muito confiante, como se não tivesse nada a temer de mim.

Mas Boges tinha razão. Eu não podia ter certeza.

– Então quando poderei ver esse anjo? – Boges perguntou. – Mal posso esperar para dar uma boa olhada nele.

– Amanhã? Por volta de 12h30?

– Legal.

A garotinha que estava no balanço do outro lado do parque desceu e correu para a mãe de um jeito que me fez lembrar de Gabbi.

– Boges, como está Gabbi?

– Foi mal, meu camarada, mas não tenho notícias, só sei que ela está se segurando firme como boa guerreira.

Cerrei os dentes, tinha de ser forte em nome de Gabbi. Eu não conseguia deixar de pensar em todas as vezes que a fizera chorar quando ela me irritava. Eu costumava fugir dela e me esconder, ela ficava sem saber onde eu estava, jogava-se no chão e começava a berrar, achando que tinha sido deixada sozinha. Mais que tudo, queria ter sido um irmão melhor para ela.

Eu estava determinado a dar um jeito de entrar na UTI para vê-la.

– E minha mãe? – perguntei.

– Ela ligou lá para casa outra vez ontem à noite. Eu disse a ela que ainda não sabia onde você estava. Era verdade, eu não sabia mesmo. Você podia estar em qualquer lugar.

– Ela pareceu estar bem?

– Ela está bem magra e ainda meio distraída. Ela não está ótima, cara, mas a esta altura deve estar acabando de fazer a mudança. Rafe está lá quase todo o tempo, ajudando-a a empacotar tudo.

Minha reação ao ouvir falar de Rafe era muito diferente da reação de semanas atrás. Pelo menos agora eu sabia que ele tinha boas intenções e que tomaria conta de minha mãe. Eu esperava que, tendo a casa em seu nome, minha mãe ficasse um pouco mais animada.

– Tem um sujeito mal encarado dando mole perto de minha casa – continuou Boges. – Ele usa uma camiseta vermelha. Também tentou me seguir umas vezes.

– Camiseta vermelha? Com um símbolo chinês nela?

– Você também o conhece?

– Boges, você vai ter de tomar mais cuidado. Ele é um dos capangas de Sligo. Por favor, não deixe que ele o siga nunca. Se ele me pegar, será meu fim. Da última vez ele quase me afogou no tanque de óleo.

– Viu? Eu disse que você não podia confiar nessa tal de Winter Frey – Boges disse.

– O quê? O que ela tem com isso?

– Ela faz parte do clube de tentativa de assassinato com Sligo, cara. Nenhum deles tem consciência.

– Se ela tivesse me traído – eu disse –, Camiseta Vermelha já saberia onde eu estava e não teria de ficar cercando-o para obter alguma pista.

Boges resmungou qualquer coisa. Ele sabia que eu tinha razão.

22 DE FEVEREIRO
Faltam 313 dias...

Cenotáfio
Parque Memorial

12h23min

Boges já estava no cenotáfio quando cheguei. Ele estava parado, olhando para o anjo, completamente embasbacado.

– Que anjo impressionante! – ele disse sem tirar os olhos dele. – Igualzinho ao desenho de seu pai.

Ficamos no interior frio do cenotáfio. O sol brilhava intensamente através do anjo no vitral, iluminando o piso de cimento com padrões coloridos: azuis e amarelos, vermelhos e verdes. Nós apertamos os olhos e lemos a dedicatória ao soldado morto.

Boges pôs os óculos escuros.

– Existe alguma coisa debaixo da máscara de gás. Algo verde e dourado. Você lembra que nós achamos que havia algum tipo de medalha no desenho de seu pai?

– Lembro – eu disse, tirando da pasta o desenho do anjo. – Dá para perceber um formato oval por baixo da máscara de gás nos desenhos também.

– Esse cara era bem azarado mesmo – Boges disse – para ser morto no último ano da Grande Guerra.

— Ser *azarado* parece que é tradição na minha família.

— Se seguirmos as pistas que seu pai nos deixou — disse Boges, dando um tapinha nos desenhos —, a sorte dos Ormond vai melhorar.

— Espero que sim, Boges.

Uma descoberta estarrecedora, meu pai disse. Claro que isso significaria mudança para melhor.

12h48min

— Obrigado por ficar de olho na minha família — eu disse quando Boges estava indo embora.

— Ah, por nada. Sua mãe diz que gosta de minhas visitas. Ela diz que me ver faz as coisas parecerem mais normais. Sabe, às vezes ela ela age como era antigamente. Meio que dá para ver aquele brilho esperto no olho dela, mas desaparece logo em seguida.

Boges começou a coçar a cabeça.

Para chegar até aqui passei pela cerca dos fundos da sra. Sadler, em vez de sair pela porta da frente da minha casa. Não sei quanto tempo vai levar para sentirem minha falta.

Boges me deu seu lanche e seu dinheiro para a excursão da escola daquele dia — mais uma visita ao observatório. Boges não precisava de excursão como desculpa para ir ao observatório.

— Hoje eu prefiro ir à biblioteca, de graça — ele disse —, e começar a procurar informações sobre Piers Ormond.

— Por que eles a chamam de *grande guerra*?

— Nunca houve algo como aquilo.

De repente Boges levou um susto e deu um salto para trás do portão enferrujado.

— O que foi?

Ele me segurou e me empurrou de volta para dentro.

— Não olhe agora, mas sabe aquele cara perto da entrada do parque? Tenho certeza de que é o cara que estava no carro me vigiando perto de casa.

– Quem? Camiseta Vermelha?

– Não, outro. Pode ser que seja só paranoia minha quando vi esse cara perto da minha casa, mas acho que seria muita coincidência dar de cara com ele no parque. Ele com certeza me seguiu.

Boges começou a coçar a cabeça outra vez.

– Achei que tinha tomado cuidado. Foi mal mesmo, cara.

– Esqueça. Vamos dar um jeito.

Olhei rapidamente e, sem dúvida, tinha mesmo um grandão de tocaia do lado de fora, usando um paletó sobre uma camiseta, calça jeans preta, tênis e óculos escuros.

– Se ele vier para cá, vai ver você – eu disse, olhando ao redor da entrada do cenotáfio. – E estamos cercados, pois não há outra saída.

O parque era contornado por uma cerca alta de ferro com grades pontudas que pareciam bem afiadas. Não havia chance de alguém conseguir pulá-la, Boges menos ainda.

Pensei rápido.

– Eles o mandaram segui-lo – eu disse. – É provável que, mesmo ele *achando* que sabe como eu sou, estou bem diferente das fotos na TV e nos jornais.

Visualizei a foto do aluno exemplar no cartaz da polícia que eu vira quando estava esperando Winter na outra noite. Tive certeza de que não estava mais assim.

– Vou me aproximar dele. Seria a última coisa que ele esperaria que um fugitivo fizesse. Enquanto o distraio, você passa por trás dele. Quando ele perceber que você sumiu, será tarde demais.

13h6min

– Tem fogo, senhor? – perguntei, dirigindo-me ao grandão.

– Caia fora, moleque – ele rosnou por trás dos óculos escuros que cobriam boa parte de seu rosto.

– E um trocadinho o senhor tem?

Eu estava vagamente ciente de Boges dando a volta pelo parque e se dirigindo à entrada atrás do pateta que estava fazendo cara feia e fingindo me ignorar.

– Por favor – eu disse –, só um trocadinho. Não é pedir muito para um cara como o senhor, é?

– Saia daqui!

O homem avançou para cima de mim, mas eu estava preparado e me agachei.

Ele tentou me pegar de novo e dessa vez eu saí correndo. Vi Boges passando por trás dele e saindo do parque, sumindo rapidamente pela rua e dobrando a esquina para pegar a avenida principal.

O pateta parou de me perseguir e praguejou distante antes de voltar para a frente do cenotáfio.

Uma decepção o aguardava.

Mas então eu o vi parar, virar e olhar para mim. Ele apontou para mim, tirou o celular do bolso e começou a se afastar.

Lan house

13h23min

Tentei controlar minha respiração esbaforida antes de entrar na lan house. Imaginei o que o grandão de terno estaria fazendo naquele momento. Ele havia me reconhecido, tinha certeza, e agora devia estar avisando Sligo que eu estava na área. Olhei rapidamente em volta. O lugar estava cheio, mas encontrei uma mesa e cadeira vagas e acessei a internet, o tempo todo fiquei de olho na janela que dava para a rua. Eu tinha que ser rápido.

Eu sabia que tinha uma porta dos fundos onde ficavam os toaletes, de modo que, se alguém estivesse vindo atrás de mim, eu poderia sair por ela e pular a cerca dos fundos num piscar de olhos.

Peguei um dos sanduíches de Boges. A sra. Michalko havia usado algum tipo de salsicha que eu nunca havia comido, mas devorei tudo sem pensar muito. Quando olhei ao redor procurando um pedaço de papel para fazer anotações, descobri algo que fez meu coração disparar outra vez... um adesivo na CPU a meu lado com minha cara nele! Era como uma versão menor do cartaz que eu tinha visto dias antes, só que tinha algum alerta de *lan house*, algo sobre o endereço do meu blog e uma foto minha mais recente tirada de uma câmera de segurança! Desliguei o computador rapidamente e me preparei para uma saída às pressas.

Quando me levantei da cadeira e olhei a meu redor percebi que havia adesivos por toda parte! Em todos os computadores! Nas mesas! Nas paredes! Em frente a todas as pessoas que estavam lá!

Saí pela porta dos fundos e pulei a cerca o mais rápido que pude.

14h9min

Como faria para conseguir informações agora? Minha foto devia estar em todas as lan houses da cidade e do estado! Eu não poderia mais checar meu blog.

📱 boges. minha foto tá espalhada pela lan house! foto NOVA. deve ter sido tirada por câmera de segurança. saí a tempo. Não consegui nenhuma informação. e vc?

📱 cara! que droga. tô na biblioteca. nada d+ no seu blog. se algo mudar eu aviso. achei o enigma q a esfinge usava nas vítimas... o q anda sobre 4 pernas, depois 2, depois 3?

📱 desisto.

📱 ... um ser humano. primeiro engatinha de 4 como bebê, depois adulto caminha com 2 pernas. quando fica velho usa bengala. 3 pernas!

📱 vc acha q os números 4, 2 e 3 são pistas p/ charada de meu pai?

📱 podem ser. não esqueça o número 5 no desenho do armário velho ou porta ou sei lá q é aquilo. então ficamos com 5, 2, 3 e 4 significa?

📱 feijão no prato.

📱 cal, vc é hilário. (tô sendo sarcástico, caso você não esteja percebendo por sms.)

17h13min

Eu estava voltando lentamente para a St John Street na esperança de que a casa estivesse vazia. Teria que esperar escurecer para tentar entrar lá. Não estava ansioso por isso, mas estava feliz por me afastar do canal e da ferrovia abandonada.

Fiquei de cabeça abaixada, mas ocasionalmente conferia as pessoas a meu redor, imaginando se um dia voltaria a ver aquele garoto – aquele que se parecia exatamente comigo. Então comecei a me perguntar se a visão que tive do cara idêntico a mim não seria fruto de minha imaginação.

19h12min

Da varanda, tentei ouvir algum barulho. Estava tudo tranquilo e silencioso. Quem havia ocupado o lugar, não estava mais lá.

Subi através do buraco no chão e desmoronei. Era uma sensação estranha estar tão aliviado por estar naquela espelunca. Qualquer coisa era melhor do que o canal.

Eu tinha mais espaço, tinha o brilho suave da luz de velas, meu rádio tocando baixinho e havia achado uma lata de feijão que esquecera escondida.

📱 boges. voltei p/ mansão. pode vir em breve?

📱 vou ver o q posso fazer nas próximas noites. aguente firme.

26 DE FEVEREIRO
Faltam 309 dias...

Esconderijo
38 St Johns Street

12h2min

— Desculpe, cara, mas só posso ficar uns minutos – disse Boges. — Acho que minha mãe está começando a desconfiar. Eu *acho* que ela não diria nada à polícia, mas... ela pode deixar escapar sem querer. Também não quero perder o moral com os professores na escola. Minhas notas ainda estão boas, por isso eles não ligam quando chego atrasado ou... quando nem dou as caras, mas eles podem começar a achar que é presunção minha se eu fizer disso uma rotina.

Ele tirou o conteúdo da mochila, jogou para mim um gorro preto, uma bateria de celular carregada e meus novos suprimentos: um cacho de bananas, um saco de pãezinhos e mais latas de feijão. Ele começou a rir enquanto fazia uma torre com as latas.

— O que é isso? — perguntei, enfiando o gorro na cabeça.

— Essa sua dieta é primitiva. Se você ficar comendo isso por muito tempo — ele disse ao acrescentar a última lata à torre —, vai começar a pular de galho em galho nas árvores, movido a gás natural!

Era muito bom rir.

— Notícias da garota do Sligo? — Boges perguntou.

– Winter. Não.

– Deve ser bom sinal. Enfim, tenho que ir, mas vou mantê-lo a par das novidades no blog e o aviso se eu tiver alguma ideia de gênio sobre o PMO. Vai acontecer a qualquer momento, vamos encarar a realiade. E tome isto – ele disse, dando-me duas notas de 20 dólares. – Eu consertei o laptop do sr. Addicot. Ele me deu 60 paus!

– Valeu mesmo.

Se não fosse Boges, eu já teria sido obrigado a me entregar muito tempo atrás.

– Sei que você faria a mesma coisa por mim – disse Boges. – Deixe para lá.

27 DE FEVEREIRO
Faltam 308 dias...

14h12min

Eu havia passado a manhã inteira na biblioteca, mas aparentemente ninguém tinha reparado muito em mim. Boges e eu havíamos tentado ligar os números 2, 3, 4 e 5 ao rol de pistas que já tínhamos, mas nem o cérebro dele estava conseguindo nada. Revisei todas as ligações que fizemos com os desenhos até então, porém não consegui nada de novo. A Singularidade Ormond continuava impenetrável como sempre.

Enquanto eu voltava da biblioteca, comecei a me sentir como se fosse apenas outro rosto na multidão. Tudo o que eu tinha que fazer era ficar na minha e de olho no perigoso mistério dos Ormond. Com sorte, no dia seguinte, Jennifer Smith me daria a peça final do quebra--cabeças. Parecia fácil. De qualquer forma, fácil eu sabia que não seria.

28 DE FEVEREIRO
Faltam 307 dias...

Terminal rodoviário

15h20min

   Estava quente e, mais uma vez, eu estava começando a ficar paranoico com minha aparência. Enfiei bem a touca na cabeça.
   Estava passando com dificuldade por entre as pessoas para pegar o ônibus de 15h30 para o jardim zoológico quando vi algo que quase me fez saltar para trás horrorizado. O Camiseta Vermelha! Que diabos ele estava fazendo lá?
   Imediatamente, escondi-me e fiquei espiando. Ele estava mostrando uma foto para as pessoas que passavam. Tive certeza de que era de mim que ele estava perguntando e, após ver a foto na lan house, sabia que aquela que ele tinha nas mãos estava atualizada.
   As pessoas passavam direto, balançando a cabeça negativamente. Não tinham visto o garoto psicopata. Estava claro que Sligo o mandara me procurar lá. Pior ainda, ele estava parado bem ao lado da porta do ônibus para o zoológico. Eu teria que passar por ele para embarcar. Pude ouvir o anúncio que o ônibus estava prestes a sair. Se eu o perdesse, não chegaria a tempo para meu encontro e talvez desperdiçasse minha última chance.

Desesperado, procurei um jeito de dar a volta sem que ele me visse. Eu tinha que entrar naquele ônibus. Algo em que eu havia pensado no outro dia me veio à mente – uma técnica sobre a qual eu havia lido chamada "esconder-se em plena vista". Era preciso muita ousadia e um simples apoio para a pessoa ficar praticamente invisível.

Agora era minha chance de ver se isso era verdade mesmo. Será que daria certo? Se não desse, eu estaria bem encrencado. Eu sabia o que Sligo faria comigo se me pegasse outra vez.

Olhando fixamente para o Camiseta Vermelha, fui em direção a uma lata de lixo que estava cheia. Ao lado dela, alguém havia deixado várias caixas de papelão. Peguei uma delas, fechei-a rapidamente, coloquei em meu ombro como se contivesse alguma coisa e entrei na fila do ônibus com o coração disparado.

Ouvi a voz de Camiseta Vermelha por trás da cobertura.

– ... considerado muito perigoso – eu o ouvi dizer quando eu passei, tão perto que ele poderia ter me *tocado*.

– ... fui contratado pela família para encontrá-lo... – ele continuou quando eu entrei no ônibus, mantendo a caixa de papelão no ombro. Que mentiroso!

Vi de relance que ele, ainda com a foto na mão, virou-se para outra direção. Rapidamente baixei a caixa e avancei lentamente para dentro do ônibus enquanto o motorista se ocupava de dar o troco a um dos passageiros. Parti discreta e diretamente para um assento nos fundos.

Afundei em meu assento enquanto o ônibus se afastava do meio-fio e de meu perseguidor.

Zoológico Municipal

16h15min

Esperei no fim de uma pequena fila na bilheteria preocupado com o tempo passando. Nós havíamos marcado encontro no relógio de sol às 16h30. Eu ainda tinha quinze minutos.

Quando chegou minha vez de comprar o ingresso, fiquei perplexo com o alto preço da entrada. Senti-me um idiota porque achei que fosse custar apenas poucos dólares. Como uma criança, mostrei à mulher todo o dinheiro que eu tinha: uns trocados e uma nota de dez que sobraram do dinheiro que Boges havia me dado. A quantia não era suficiente.

– Por favor – tentei explicar – só vou encontrar uma pessoa no relógio de sol. Não estou interessado em ver os animais. Posso entrar só com isso?

– Tem carteira de estudante?

– Sim, mas não está comigo agora.

"Claro, aqui está minha carteira de estudante", pensei. "Sou Callum Ormond. 15 anos. Armado e perigoso. Vamos, deixe-me entrar nessa droga de zoológico."

– Olhe, eu não posso deixar você entrar se não pagar o preço certo. Se todos ganharem desconto, o zoológico irá à falência. E aí quem vai cuidar dos animais?

– Por favor – implorei –, não estou pedindo para fazer isso com todo mundo, só comigo. Só desta vez – eu argumentei, observando as horas no relógio de parede atrás dela. – Por favor. Está quase no fim do dia.

Ela ficou com o rosto vermelho.

– Não sou eu que faço as regras! Você devia ter marcado encontro em outro lugar! O preço da entrada é este!

Ela apontou para o preço anunciado na plaquinha acima da bilheteria.

– E você não tem dinheiro. Caso encerrado.

Ela olhou por cima de meu ombro e fez um sinal para o casal que estava atrás de mim na fila. Eu recolhi meu dinheiro, enfiei de volta no bolso e caminhei em direção ao portão de entrada. Seguranças pegavam os bilhetes das pessoas, um de cada lado do portão. Não tinha como eu entrar de penetra.

16h28min

Se eu faltasse ao encontro pela segunda vez, fosse qual fosse minha desculpa, seria o fim de minha chance de falar com Jennifer Smith – a última ligação com meu pai. Eu não podia suportar perdê-la. *Tinha* que haver um jeito de entrar.

Afastei-me da área perto do portão de entrada e segui pela estrada paralela ao zoológico. Não havia como pular o alto muro vazado que separava os limites do zoológico da rua. Continuei caminhando até chegar a uma curva na estrada onde tinha uma árvore alta próxima ao muro. Era minha última chance.

Foi difícil elevar meu corpo e tentar evitar o arame farpado que se estendia pela superfície do muro. Eu agarrei os galhos da árvore com uma das mãos e cuidadosamente coloquei a outra debaixo das tranças de arame farpado no topo do muro. Tive de colocar meu casaco em volta do arame farpado como proteção enquanto me arrastava para o outro lado. Pensei na sorte que eu tinha por ter praticado atletismo – muitas habilidades que eu nunca achei que fosse usar de novo na vida estavam me servindo bem, agora que eu vivia como foragido.

Joguei minha mochila nos arbustos abaixo, perto de umas rochas de um pequeno lago. Calculei o pulo em uns 4 metros e então, lentamente, escorreguei muro abaixo para diminuir um pouco a distância da queda. Caí pesadamente e amorteci o impacto o máximo que pude, lembrando-me de manter as pernas relaxadas e moles. Eu girei algumas vezes antes de me levantar e pegar minha mochila.

Olhei rapidamente ao redor e não vi nada senão mais arbustos e o lago. Pelo jeito eu havia caído em uma área cercada e abandonada.

16h43min

Agora tudo que eu tinha a fazer era encontrar a saída dessa área, chegar ao relógio de sol, encontrar Jennifer e descobrir o que ela tinha para mim.

Eu estava atrasado e esperava que não fosse tarde demais.

Além de um pequeno portão com grades na parede atrás de mim – e eu não queria usá-lo, pois podia me encontrar com um zelador –, não havia nenhuma outra saída a não ser subir o muro rochoso à minha frente e entrar na enorme trilha para pedestres do zoológico acima. Havia gente andando para lá e para cá, mas eu estava ocupado demais saindo da moita para prestar muita atenção nas pessoas.

Eu apenas havia começado a escalar as pedras quando ouvi pessoas gritando lá do alto. Não era isto o que eu queria: ser visto por um monte de gente. Agachei-me. As pessoas gritavam para mim, apontando e gesticulando, mas como estavam todas falando juntas eu não consegui entender o que estavam dizendo. Peguei meu celular e vi as horas. Eu não podia ficar mais tempo escondido debaixo do mato. Precisava chegar ao relógio de sol.

16h48min

Vi que as pessoas estavam pegando seus celulares e tirando fotos de mim! Seria mera questão de minutos para que me identificassem. Claro que elas não teriam me reconhecido tão de longe, não é? Será que elas não tinham nada melhor para fazer? Como olhar para os animais, por exemplo?

Quando eu estava prestes a voltar toda minha atenção para dar um jeito de sair de lá sem ligar para quem estava olhando, vi algo que primeiro fez meu coração parar e depois o fez disparar loucamente. Logo acima, no meio da multidão histérica e sorrindo como uma hiena, estava o capanga de Sligo, Camiseta Vermelha! Ele devia ter encontrado alguém que reparou em mim entrando no ônibus. Eu procurei freneticamente outra saída.

Pelo jeito eu só tinha uma opção: tentar a sorte pelo portão com grades que eu vira antes no muro.

O pessoal estava surtando, como se eu mesmo fosse uma espécie de animal selvagem. Talvez alguém *tivesse* me reconhecido, mas eu só conseguia pensar em Camiseta Vermelha e em como fugir dele e correr para o encontro! Eu tinha que dar um jeito de me livrar dele!

Foi o tom de medo nos gritos das pessoas que me fez, finalmente, reparar no que estavam tentando me dizer.

Lentamente, as palavras penetraram em minha mente.

– Cuidado! – alguém gritava. – Saia daí! Pelo amor de Deus, saia daí! Tem um...

Foi a última palavra que eu consegui captar.

Cuidadosamente, eu me levantei.

E foi então que eu o vi na minha frente, a poucos metros.

Eu fiquei imóvel e ele também, sem mexer um músculo. Em seguida, ele levantou a enorme cabeça para me fitar com olhos amarelos impiedosos – um leão enorme, dourado escuro, com uma cabeleira preta.

Os sons da multidão reunida na trilha acima da cova do leão vinham de muito longe, depois eu não consegui ouvir mais nada. Esqueci Camiseta Vermelha e o perigo que ele representava. Todas as fibras e células do corpo se concentravam na enorme fera parada em minha frente, com a cauda de ponta preta peluda balançando de um lado para o outro. O mundo inteiro pareceu se reduzir a nós dois, era tudo o que eu conseguia ver, tudo em que eu conseguia me concentrar.

Senti a adrenalina correr nas minhas veias – lutar ou fugir. Não havia como lutar com esse animal, bastava um golpe de uma daquelas patas enormes para esmagar os meus ossos. Fugir era a única alternativa, mas eu sabia que, assim que eu corresse, o colossal predador faria o mesmo. Quatro pernas sempre correm mais do que duas.

Sem tirar os olhos da enorme fera, com o coração batendo forte e suando dos pés à cabeça, eu comecei a recuar. Um pé e depois outro, tentando com o olhar manter o leão onde ele estava, mexendo apenas os pés enquanto me retirava cuidadosamente. Eu sabia que se tentasse escalar o muro ele viria me pegar e me puxaria para baixo como um gatinho puxando uma corda. Minha única esperança era chegar à porta no muro atrás de mim. Um som feito trovão me deu um susto e fiquei chocado com o poder de seu rugido. A cauda bateu mais rapidamente e ele se abaixou, mexendo o traseiro de um lado para o outro como um gato prestes a dar o bote em um pássaro.

Eu aumentei a velocidade de minha retirada. Isso pareceu atiçar o leão. Ele deu um rugido imponente e eu senti que ele estava prestes a pular em cima de mim.

Virei-me e corri para o portão com grades, tentando abri-lo.

Não abria!

De algum lugar veio o som de uma sirene. Isso me chocou e me fez perceber que eu estava tentando abrir o portão pelo lado errado. Eu consegui abrir! Passei correndo, mas assim que bati o portão, algo veio para cima de mim e bateu em minha perna!

O rugido do leão tão perto do ouvido foi de ensurdecer. Eu ousei olhar para trás e vi, para meu horror, que a enorme fera havia dado de cara com o portão. Torci para que o portão aguentasse firme o peso fenomenal do bicho que caiu no chão e ficou olhando para mim pelas grades, rosnando de raiva.

16h59min

Eu estava em um pequeno cercado com outra porta do outro lado. Passei por ele correndo e cheguei a um corredor amplo, afastado dos rugidos do leão. O alarme estava ensurdecedoramente alto lá dentro. A qualquer momento o lugar ficaria cheio de seguranças. Camiseta Vermelha viria em minha cola. Tinha que fugir! Eu estava descendo o corredor às pressas, passando por escritórios e laboratórios vazios, quando urrei de dor. Baixei os olhos e fiquei horrorizado ao ver uma mancha de sangue enorme na parte de trás de minha calça jeans. Através do rasgão no brim, pude ver um corte profundo do qual jorrava sangue. A garra do leão havia me atingido!

Agora que o choque estava passando, a perna estava doendo

muito. Recostei-me na parede por um segundo, sentindo-me indefeso e confuso. Será que era o fim? Eu estava sem saída, preso da mesma forma que o leão que me atacara poucos momentos antes. Eu não sabia para onde ir e não havia ninguém a quem eu pudesse pedir ajudar. A essa altura, minhas fotos já teriam sido identificadas e estariam a caminho dos noticiários de TV, delegacias de polícia e jornais. Eu havia arruinado completamente meu segundo encontro. Estragado tudo. Mas agora eu não estava nem aí para nada disso. Entrei cambaleando em uma das salas vazias e desabei em uma cadeira, tremendo todo.

17h10min

Eu parecia estar em uma espécie de depósito: sob pilhas de caixas de papelão, vi pias velhas com torneiras curvas. Talvez fosse um dos laboratórios. Reparei em uma caixa de uma companhia farmacêutica e li o rótulo. Abaixo do enorme nome científico havia uma frase que me chamou a atenção – *seringas tranquilizantes pré-carregadas*.

"Era disso que eu precisava", pensei amargamente. "Um tranquilizante."

Mas o som insistente do alarme despertou meus sentidos. A saída não era essa. Tinha que ficar alerta e vigilante. Eu precisava continuar pelo menos um passo à frente de Sligo e Oriana de la Force. Precisava me concentrar em escapar.

17h15min

Ouvi vozes se aproximando. Avancei para cima do balcão, peguei a caixa de seringas e enfiei algumas em um dos bolsos de minha mochila. Olhei para os lados para ver se achava algum analgésico, mas não encontrei nada.

Eu tinha que seguir em frente. E, apesar do sentimento de impotência, forcei-me a continuar. Esperava que Jennifer Smith acreditasse que eu queria mesmo me encontrar com ela.

Comecei a descer o corredor e entrei em outro recinto vazio quando ouvi vozes.

Um cara, funcionário do zoológico, começou a vir a meu encontro. Eu não tinha escolha. Apesar da dor na perna, fiz um movimento súbito e comecei a voltar pelo caminho de onde viera. Atrás de mim ouvi o sujeito praguejando e gritando pedindo reforços pelo *walkie-talkie*. O sangue ensopava meus tênis à medida que eu corria.

Do outro lado do corredor, encontrei uma porta trancada. Procurei desesperadamente outro jeito de escapar e acabei entrando em um escritório vazio à direita da porta trancada. As janelas também estavam trancadas e o ar-condicionado emitia um fraco zumbido. Peguei uma cadeira e, agindo por instinto, joguei-a contra a janela, quebrando o vidro.

Esperando tornar mais difícil a passagem e atrasar um pouco mais meus perseguidores, voltei para a porta do escritório, bati-a e tranquei-a por dentro. Protegendo-me do cacos de vidro, coloquei meu, já surrado, casaco com capuz sobre as bordas pontiagudas da janela e me atirei dela, caindo no chão uns dois metros abaixo. O choque da queda fez a perna doer de modo agonizante.

Levantei-me cambaleando e olhei em volta. Eu havia aterrissado em uma trilha estreita entre dois edifícios. Lá o som do alarme estava um pouco mais fraco, mas eu sabia que o zoológico era cheio de seguranças e, a essa altura, estava cheio de policiais.

17h21min

A dor realmente me atingiu quando corri mancando pela trilha estreita entre os edifícios. Uma das construções por perto era daquelas do tipo modular, com uma varanda estreita na frente, onde havia uma fileira desigual de galochas e botas de trabalho. Havia vários casacos de chuva e casacos pendurados acima das botas. Subi dois degraus mancando e peguei um dos casacos de chuva verde-escuros e um par de galochas de cano alto. Minha esperança era que elas escondessem o sangue que agora ensopava uma das pernas da minha calça jeans. Eu tirei os tênis e pus as botas, franzindo o rosto ao calçar a perna machucada.

Todo desengonçado, fui para a ponta da varanda e espiei os arredores.

Ouvi pessoas falando ao se dirigiram para a saída, fragmentos de comentários sobre o que viram na cova do leão.

– Ele não pode ter ido muito longe – eu ouvi.

Outra voz respondeu.

– Tirei foto dele com meu celular. Olhe só. Ele está com uma casaco de capuz cinza.

Aliviado me envolvi no casaco verde e guardei os tênis na mochila.

Passei por grupos de funcionários com shorts cáqui e *walkie-talkies* e fui caminhando pesadamente em direção ao relógio de sol. Sem diminuir o passo para ver se havia alguém lá que pudesse ser Jennifer Smith, passei por famílias com crianças em carrinhos e um grupo escolar com a professora. Eu estava completamente tomado pelo medo, pela dor e pelo desejo quase desenganado de escapar sem ser visto.

Caminhei o mais rápido que pude, com as pernas trêmulas, misturando-me à multidão que já estava se encaminhando para a saída.

17h34min

Mancando, saí para a rua com um grupo de garotos mais velhos de uma escola do interior. Fingi ser parte do grupo, caminhando perto deles, acobertando-me em seu papo alegre e brincalhão. Ninguém desconfiou de mim usando um casaco de chuva verde, nem notou minha cara de dor por causa da perna, apesar de eu ter atraído alguns olhares por causa das botas grandes demais. Continuei atento e procurando Camiseta Vermelha, mas não o vi.

A perna estava latejando e cada passo me matava um pouco. Será que Jennifer voltaria a confiar em mim? Se eu estivesse sozinho, provavelmente teria caído no chão e chorado de dor e frustração.

17h52min

Escondido em um matagal perto do zoológico, levantei a perna para parar o sangramento e tentei descansar e me recuperar um pouco antes de finalmente envolver o ferimento o melhor que pude com uma camiseta rasgada.

Espiei de meu esconderijo e vi que a polícia havia cercado a entrada do zoológico que agora estava com um cordão de isolamento.

Pelo menos eu estava do lado de fora do cordão.

Eu não tive escolha senão disfarçar a dor, parecer o menos suspeito possível e me juntar à pequena fila de pessoas esperando o último ônibus de volta para a cidade.

O ronco surdo de um helicóptero soou no céu quando o ônibus partiu do zoológico, impedindo, por enquanto, que eu fosse capturado.

Emergência
Hospital Sacred Heart

19h5min

Preenchi um formulário rapidamente, com um nome falso, é claro. Tom – por causa de meu pai – e Mitchell – o nome do primeiro cachorro que tivemos quando eu era pequeno.

Talvez fosse idiotice de minha parte pensar que eu poderia sair caminhando pelas ruas e entrar em um hospital público, mas eu já estava longe o suficiente do zoológico para me sentir seguro. Seguro o bastante.

Ou, quem sabe, fosse por eu ter perdido muito sangue e estar zonzo. Zonzo a ponto de não pensar direito?

O sangramento havia finalmente estancado quando logo depois de ter feito o cadastro, eu fui chamado por uma doutora. Dava para ver a calça jeans por baixo do jaleco branco curto que ela estava usando.

Sentei-me em uma das mesas de exame para ela limpar o

ferimento, aplicar uma injeção de analgésico e costurar os pontos no machucado. Percebi o jeito que ela olhava para a ferida e franzia a testa.

Ela continuou a fazer seu trabalho em silêncio até chegar a hora de aplicar outra injeção.

– Conte outra vez – ela disse – sobre o cachorrão preto.

– Isso é para raiva? – eu perguntei, contorcendo-me ao sentir a picada da agulha.

– Não – ela disse. – Na Austrália não temos mais raiva, mas mordidas de animais podem infeccionar. Enfim, não se preocupe com isso, só me fale mais do tal cachorro.

Eu repeti a história do cachorrão preto. Só que desta vez eu tornei a história um pouco mais interessante, acrescentando uma bola de futebol que eu estaria chutando.

– Você foi chutar uma bola de futebol com essas botas?

– Idiotice, não é? – eu respondi.

Muita idiotice... Claro que eu poderia ter inventado uma história mais plausível.

Ela prendeu a bandagem com um gesto rápido e se aprumou.

– Você vai ter que manter isto aqui seco. Nada de banho pelos próximos três dias.

Eu garanti a ela que isso não seria problema.

– Estas faixas terão de ser trocadas dentro de um ou dois dias. Eu vou escrever um relato para seu médico particular.

Concordei enquanto ela escrevia. Pela porta aberta, eu vi um médico ao telefone, olhando para os lados de um jeito bastante tenso. Ele fez um gesto para alguém e, num piscar de olhos, os seguranças do hospital se aproximaram dele. A polícia certamente entrara em contato com eles para avisá-los sobre mim. Eu tinha que sair de lá.

Levantei-me para sair e a médica voltou a me chamar.

– Tom – ela disse e quase não respondi ao ouvir um nome que não era o meu. – Eu trabalhei no Quênia para os Médicos Sem Fronteiras. Já vi esse tipo de ferimento antes. Não é mordida de cachorro. Só as garras de um gato *grande* deixam marcas do tipo.

— Não era gato, era cachorro.
— Não estou falando de gatos *domésticos*.
Houve um silêncio enquanto nos olhamos.
— Tenho que ir. Obrigado – eu disse, saindo às pressas da ala de emergência e passando pelo médico que estava conversando com os seguranças.

21h9min

Fiquei andando a esmo no escuro, longe do hospital, o corpo doendo de solidão. A solidão doía mais do que a perna costurada. Voltei a pensar no leão com seus olhos enormes que me fitavam friamente... antes de ele rasgar minha perna.

Vi alguma coisa naqueles olhos que me deixou apreensivo. Era inevitável pensar que eu poderia sofrer um colapso mental e fazer juz ao rótulo de "adolescente psicopata" que me fora dado. Eu temia que a prisão e o isolamento pudessem fazer isso acontecer. Talvez mais cedo do que esperava.

Avistei um telefone público do outro lado da rua e fui imediatamente atraído. Eu fui mancando até ele e teclei o número de Rafe. Não podia usar meu celular, pois tinha medo de ser rastreado.

— Alô? – ouvi a voz de Rafe em meio aos estalos da ligação.

Pensei nele do outro lado da linha, a cara de meu pai.

— Quem é? – ele disse. – É você, Cal? – perguntou, o tom de sua voz demosntrava afeto. – Escute, meu filho, por favor, venha para casa. Sua mãe precisa de você. Todos nós precisamos de você.

Ele parou por um momento, esperando que eu dissesse alguma coisa, mas eu simplesmente não consegui.

— Ainda está aí? – ele perguntou outra vez. – Diga alguma coisa, por favor.

— Oi – eu finalmente murmurei.

Foi o máximo que consegui extrair de mim mesmo.

— Cal! Você está bem! Por favor, venha para casa.

Ficamos em silêncio por um tempo.

– Cal? – ele disse de novo.

Quem é?, ouvi minha mãe perguntar baixinho a Rafe.

Mas eu desliguei antes que alguém tivesse oportunidade de dizer qualquer coisa.

21h38min

Eu estava convencido de que não havia mais a menor chance de eu ouvir falar de Jennifer outra vez. Minha esperança era que ela me ligasse depois que saí do zoológico. Que me desse a chance de explicar. Que combinasse de me encontrar em outro lugar. Mas a quem eu estava querendo enganar? Se ela tivesse de me ligar, já teria feito isso. Eu tinha que voltar para St Johns e descansar.

Meu celular tocou bem quando eu havia desistido de Jennifer Smith. Torci para que fosse ela. Ou Boges.

– Cal, sou eu. Tenho que vê-lo.

Era Winter. Eu a imaginei com seus cabelos escuros e flutuantes e me perguntei de onde ela estaria ligando.

– Oi – eu disse e minha visão de sua nuvem de cabelos se transformou rapidamente na lembrança de Winter bisbilhotando o ferro-velho de Sligo e roubando peças de carros. Será que ela estava me enganando como enganava Sligo? Não sei por que, apesar de minha desconfiança, meu estado deplorável melhorou um pouco ao ouvir o som da voz dela.

– Eu estava pensando em nos encontrarmos no Café Hibiscus. Fica aberto até bem tarde. Podemos conversar rapidamente e tomar um milk-shake ou algo assim?

– Você sabe minha situação – eu disse, sem querer falar demais ao telefone – em termos de grana.

– Escute – ela disse. – Você entra com a companhia. Eu entro com o dinheiro, está bem?

Então ela riu.

– A verdade não é bem essa. Sligo vai entrar com o dinheiro, apesar de não saber disso.

Eu sorri ao ouvi-la rir, mas me contive.

– Eu a vi – eu desabafei – no ferro-velho de Sligo. Estava bisbilhotando os carros e olhando debaixo das lonas.

– Do que você está falando?

– Do ferro-velho. Outro dia. Eu fui procurá-la e a vi andando furtivamente.

– Você está enganado, Cal – ela disse. – Por que eu teria que entrar lá sorrateiramente?

"Esqueça a risada bonitinha", eu disse a mim mesmo. "Lembre-se de Sligo. Essa garota anda com Sligo. Essa garota mente."

– Enfim – ela continuou, voltando a seu tom amigável de antes –, preciso conversar sobre uma coisa com você. Uma coisa muito importante mesmo. Uma coisa bem perigosa.

– E o que é?

– Vou dizer pessoalmente. Onde você está agora?

– Não estou muito longe do Café Hibiscus. Estou bem em frente a... – eu parei.

Que diabos eu estava fazendo? Dizendo a Winter Frey onde eu estava? Até onde eu sabia, Camiseta Vermelha poderia estar bem ao lado dela, anotando tudo.

– Esqueça – eu disse, pensando rápido.

Eu *queria, sim*, encontrá-la. Mas teria que arranjar algum lugar onde eu pudesse chegar mais cedo; algum lugar onde eu pudesse vê-la chegar e conferir se estava sozinha. Ou não. Achei que a torre do relógio perto da Liberty Square seria o local perfeito para observá-la. Lá se tinha uma ótima visão da parte leste do shopping center onde havia outro café que eu sabia que estaria aberto.

– Que tal a gente se encontrar no Blue Note, às 22h? – eu disse.

– Alô? – falei intrigado ao ver que ela não respondia.

A ligação devia ter caído. Ela não estava ouvindo. Enquanto eu procurava o número dela para ligar de volta, o som de pneus cantando me fez saltar.

Um Subaru preto freou de repente, subindo a calçada a poucos metros atrás de mim. Camiseta Vermelha já estava saindo do banco do motorista!

E havia outra pessoa no banco de trás? Alguém com cabelos escuros e flutuantes que havia acabado de armar contra mim?

Virei-me e saí correndo. Eu tive de ignorar a dor na perna e fugir pelo meio da rua, desviando de um e outro carro, ziguezagueando para o outro lado, ignorando as buzinas e os xingamentos dos motoristas furiosos. Com o canto do olho, vi Camiseta Vermelha vindo atrás de mim. Ele era rápido. Estava vindo pelo mesmo caminho que eu, desviando e ziguezagueando do mesmo jeito.

Abaixei a cabeça e saí correndo feito doido pela calçada, esbarrando em quem encontrava pela frente, virando esquinas ferozmente.

E ele continuava logo atrás de mim.

Eu estava quase na estação de trem. Corri para chegar lá, subindo e descendo a rampa que conduzia a dezenas de plataformas, na esperança de deixá-lo para trás entre os trabalhadores que pegam o trem todo dia e os boêmios.

Mas uma rápida virada de cabeça me mostrou que eu estava longe de deixá-lo para trás. Camiseta Vermelha estava se aproximando de mim. Ele estava diminuindo a distância entre nós e eu sabia disso. Agora eu podia até ver seu sorriso maldoso ao tentar me agarrar.

Estou bem aqui atrás de você, ele parecia dizer. *Você já morreu!*

Forcei a perna machucada a continuar se movimentando apesar da dor aguda.

Eu sabia muito bem o que seria de mim se ele me pegasse. Tortura. Morte. Eu tinha de escapar dele.

Linha de metrô
Liberty Square

22h2min

Pulei desajeitadamente a catraca do metrô e olhei para trás para ver se ainda estava sendo seguido. Pude ver um funcionário do metrô falando pelo *walkie-talkie* e não tive dúvida de que ele estava me delatando. Continuei correndo, respirando com dificuldade e com a dor na perna me enfraquecendo cada vez mais. Mas eu não podia parar.

Desci correndo para a plataforma do primeiro piso, esperando pular dentro de um trem e me libertar de meu perseguidor, mas o trem já estava saindo da estação.

Mais degraus levavam para as plataformas inferiores. Eu não tinha opção a não ser continuar descendo.

Camiseta Vermelha surgiu disparado atrás de mim. Em pânico, fiz um movimento errado e pulei da metade da escadaria abaixo. Senti os pontos do ferimento se abrirem assim que aterrissei.

Uivei e cambaleei de dor, o ferimento se abriu de novo, mas eu segui em frente, não sei como.

Minha mochila pesava em meus ombros à medida que eu descia mais degraus. Queria jogá-la fora, mas não podia. Tudo o que era importante para mim estava dentro dela.

Inclusive uma caixa de seringas com tranquilizantes!

Ainda correndo em direção aos trens que partiam para não sei onde, segui em frente enquanto esticava o braço para tentar abrir a mochila afobadamente a fim de procurar as seringas que eu havia roubado do zoológico. Meus dedos acharam uma e eu a tirei, conferindo-a enquanto corria. A seringa carregada e com uma tampa em forma de cone cobrindo a ponta da agulha estava dentro de uma embalagem esterilizada de plástico. Eu a abri com os dentes enquanto tentava escapar.

Estava ficando cansado, o sangue começava a escorrer solto pela perna e eu estava perdendo velocidade.

Vi Camiseta Vermelha quase voando escada abaixo para chegar à plataforma na qual eu estava correndo. Agora ele estava pisando no último degrau e continuava atrás de mim. Só havia algumas pessoas paradas por perto, esperando, nem um pouco interessadas em um garoto correndo entre elas para salvar a própria vida. Duas mulheres seguraram a bolsa mais junto do corpo.

Um túnel escuro abriu sua bocarra em frente a mim.

Eu parti para dentro dele.

Minha respiração estava ficando mais curta e mais difícil. Eu estava quase no fim das minhas forças.

Virei-me para ver onde estava Camiseta Vermelha.

Eu arfei de medo – ele estava quase em cima de mim! Pude ouvir sua respiração ofegante, pude ver a fúria no rosto, a raiva nos olhos cerrados. Ele me faria pagar por essa caçada. Ele quase podia me alcançar. E meu plano requeria que ele fizesse isso mesmo. Eu não tinha certeza se iria funcionar, nem sabia quanto tempo o tranquilizante levaria para fazer efeito.

Mergulhei mais fundo na escuridão escancarada do túnel, correndo em um desvio ferroviário até a plataforma terminar nos trilhos.

Eu não tinha opção – pulei para baixo e entrei no túnel o mais rápido que consegui, correndo pelos trilhos nos quais fracas luzes azuis iluminavam o caminho. A luz iluminava os nichos de proteção em intervalos ao longo do túnel.

Eu ouvi Camiseta Vermelha pular atrás de mim e soltar um grunhido. E, ao ouvir esse som, eu tirei a tampa da seringa, e fingi tropeçar nos trilhos.

Ele rugiu triunfante e se ergueu, preparando-se para se jogar sobre mim.

Ainda no chão, rolei o corpo para encarar meu perseguidor e segurei a seringa com firmeza, apontada bem para o alto, mas fora do campo de visão dele.

Ele caiu sobre mim, agarrando-me com as mãos fortes. Com a seringa preparada, ergui o corpo, enfiando-a no pescoço dele. Injetei o conteúdo antes que ele se desse conta do que estava acontecendo.

Ele gemeu de dor e perplexidade. Depois veio para cima de mim novamente, com os punhos cerrados como se fossem uma poderosa arma de lutas marciais. Ele tentou me atingir e eu mal tive forças para desviar.

Seus punhos atingiram a borda do trilho esquerdo primeiro, em seguida foi seu corpo que caiu, rolando por sobre o trilho, com a seringa enfiada no pescoço. Enquanto tentava se levantar, ele me fitou nos olhos com uma expressão de quem não estava entendendo nada, e caiu de novo. Ele piscou os olhos, abriu e fechou a boca, como se quisesse falar. Mas não saiu som nenhum.

Então ele desabou por completo, o corpo mole, como se fosse uma boneca de pano, revirou os olhos e ficou completamente imóvel.

– Durma bem – eu murmurei.

22h25min

Eu caí sob um fraco brilho azul na parede do túnel, ofegando. Todos os meus músculos doíam e latejavam e eu senti o sangue pingando do corte na parte de trás da perna. Algumas pessoas começaram a gritar lá na plataforma e eu sabia que não demoraria muito para os guardas aparecerem. Eles encontrariam Camiseta Vermelha deitado nos trilhos do túnel. Não podia ser encontrado perto dele.

Eu comecei a tomar meu rumo pelos trilhos, capengando pelas caixas de junção paralelas aos dormentes, quando escutei aumentar o ruído de um trem em outro túnel.

Primeiro eu senti uma brisa fria, depois veio um sopro de ar em minha direção. O som que eu estava ouvindo não vinha de nenhum túnel próximo – estava na mesma linha que eu. E estava vindo a toda velocidade em minha direção!

Antes de correr para o nicho de segurança mais próximo, eu parei para olhar o corpo inerte atrás de mim, Camiseta Vermelha jogado inconsciente sobre os trilhos. Eu hesitei, quase ignorando o ímpeto de voltar e tirá-lo de lá, mas não podia... eu simplesmente não podia deixá-lo no caminho de um trem.

O som estava quase insuportável quando eu corri de volta para o lado de Camiseta Vermelha. Usei toda minha força e enfiei as mãos embaixo dele, mas, quando comecei a puxar o corpanzil para fora dos trilhos, as luzes azuis sumiram de repente. A escuridão tomou conta do lugar e eu entrei em pânico com aquela penumbra repentina e tropecei. Uma dor me subiu pela perna machucada. As luzes azuis piscaram e eu vi que o corpo de Camiseta Vermelha havia rolado para fora dos trilhos, mas eu tinha enfiado o pé ensanguentado entre um dormente e uma caixa de segurança ao pisar a trama metálica... e acabei firmemente enganchado.

Meu pé estava completamente preso.

O rugido do trem estava ficando mais alto. Agora já dava para ver suas luzes flamejantes na distância atrás de mim. Suor escorreu de meu rosto enquanto eu tentava desesperadamente me soltar.

O súbito vupt da pressão do ar atingiu minhas costas com a aproximação do trem. Ainda mais desesperado, tentei me soltar, girando de um lado para o outro, tentando arrancar o pé de lá de qualquer jeito, tentando me arrastar para fora dos trilhos.

O trem estava vindo para cima de mim. Eu podia ver a cabine agora, acima da luz. O motorista me viu!

Ele puxou os freios e o trem fez um forte barulho com a tentativa de parar.

Será que eu perderia a perna? Ou a vida?

Eu gritei, mas minha voz foi engolida pelo terrível som das rodas do trem rangendo contra os freios. O trem estava vindo para cima de mim; suas luzes fortes me cegaram e os ruídos estridentes me ensurdeceram. Enlouquecido, eu lutei para soltar o pé! Retesei todos os músculos do corpo e gritei pedindo ajuda!

O trem jamais pararia a tempo e eu viraria patê de carne sobre os trilhos! Desesperado, levantei-me mais uma vez, tentando escapar.

Mas o pé, preso na bota que eu pegara no zoológico, não saía do lugar.

Em câmera lenta, observei o trem se aproximando, meu corpo imóvel de terror. Parecia que o tempo havia parado.

QUER FICAR POR DENTRO DO QUE ACONTECE NA EDITORA FUNDAMENTO? ENTÃO CADASTRE-SE E RECEBA POR E-MAIL TODAS AS NOVIDADES!

*Nome

Endereço

Cidade ⎵ Estado ⎵ CEP ⎵ – ⎵

Sexo M ⎵ F ⎵ Nascimento ⎵ Telefone ⎵

*E-mail

Costumo comprar livros: Em livrarias ⎵ Em feiras e eventos ⎵ Na internet ⎵
Outros ⎵ Descreva ⎵

* Interesso-me por livros: Infantis ⎵ Infantojuvenis ⎵ Romances ⎵ Negócios ⎵ Autoajuda ⎵

*Preenchimento obrigatório

EDITORA FUNDAMENTO

www.editorafundamento.com.br

CARTÃO-RESPOSTA

NÃO É NECESSÁRIO SELAR

O Selo será pago pela Editora Fundamento Educacional Ltda.

"NÃO COLOCAR EM CAIXA DE COLETA
ENTREGAR NO GUICHE DE UMA AGÊNCIA DA ECT"

80240-240 – A/C EDITORA FUNDAMENTO

Cartão-Resposta
9912208203/08 – DR/PR
EDITORA FUNDAMENTO
CORREIOS